傅任敢作品选

近代中国教育人物像传

傅任敢 编

上海教育出版社

编辑前言

傅任敢（1905—1982），中国现代教育家、翻译家。字茗年，原名傅举丰。1929 年毕业于清华大学教育心理学系，旋至母校长沙明德中学任教务主任。1933 年回清华大学任校长秘书，后奉校长梅贻琦之命，先后于重庆、长沙创办并同时主持两所清华中学，积极开展教育实验，探索现代中学办学经验。1950 年应北京市副市长吴晗之邀，筹建北京市市立第十一中学，任校长。1954 年参加筹建北京师范学院（今首都师范大学）工作，筹建教育教研室并任主任；1961 年调入历史系资料室，从事翻译工作。1978 年后重回教育研究与教学岗位。

傅任敢曾言："我有一个热切的企图：希望异域的教育上的经典都能译成中文！"从 20 世纪 30 年代开始，傅任敢先后译出了瑞士教育家裴斯泰洛齐（Johann Heinrich Pestalozzi，1746—1827）的代表作《林哈德和葛笃德》之节译本《贤伉俪》（1935

年），奥地利心理学家、个体心理学创始人阿德勒（Alfred Adler，1870—1937）的代表作《生活的科学》（1936年），英国哲学家、教育理论家洛克（John Locke，1632—1704）的代表作《教育漫话》（1937年），捷克教育家夸美纽斯（Johann Amos Comenius，1592—1670）的代表作《大教授学》（1939年）以及法国启蒙思想家、哲学家、教育思想家卢梭（Jean-Jacques Rousseau，1712—1778）与德国学前教育家、被称为“幼儿教育之父”的福禄培尔（Friedrich Wilhelm August Fröbel，1782—1852）等人的《莉娜及其他》等世界教育经典名著。晚年除从事史学理论、世界近代史、教育心理学等学科的翻译工作外，更致力于中国教育史的整理和研究工作，撰成《〈学记〉译述》《孔子教育思想管窥》等。

傅任敢先生无疑是我国杰出的现代教育理念传播者、实践者和阐释者，他在五十七年的教育实践与研究生涯中，培养了一批优秀人才，探索出宝贵的办学经验，出版了一系列优秀的教育论著与译作，形成了理论与实践相契合，具有自己特点的教育思想，为我国教育现代化提供了宝贵的思想资源。如今，“傅任敢作品选”由我社分批出版，我们可以更为便利、全面和深入地从他那“一笔不苟，而又流畅可读”（何炳松《〈贤伉俪〉汉译本序》）的文字里，丰富教育学识，汲取教育智慧。

《近代中国教育人物像传》是傅任敢先生于20世纪30年代

所辑清季兴学后与近代新式教育有关系的部分人物照片和小传的结集。书中共收集了教育人物58位，连载于《中华教育界》1935年7月至1937年8月各期。

傅任敢先生在《辑印〈近代中国教育人物像传〉缘起》中说“刊完（也许不待刊完以后），希望能再单行”。不料1937年7月7日日本侵略军发动卢沟桥事变，后北平（今北京）沦陷，《中华教育界》被迫停刊，已收集并整理好的人物像传稿无法继续刊出，后因一次次的变故，这些稿件损失殆尽，像传单行的愿望也一直没能实现。1982年傅任敢先生去世后，其夫人杨仁女士决意完成傅先生的遗愿，即使到耄耋之年，仍抱病坚持，在女儿们的协助下，陆续搜集、复制了1935年7月至1937年8月连续发表在《中华教育界》各期上的《近代中国教育人物像传》全部原始版面。2011年，首都师范大学王长纯教授等首次整理出版了《近代中国教育人物像传》简体字版。

本次重版，我们以发表于《中华教育界》各期的像传文字为底本，同时参考王长纯教授等整理出版的简体字版，改用简体横排。秉持“小而精”、易于阅读与收藏的原则，改进了书籍的开本和装帧。为了保持作品的历史原貌，我们将发表在《中华教育界》各期上的《近代中国教育人物像传》原始版面以影印的形式附于相应各篇中。需要说明的是，为了便于读者理解原文，我们在整理文字时采取了以下原则：（1）对内容基本不作修改，只在订正个别文字和统一体例方面做了必要的工作；（2）原书人名、地名等专名以及概念、术语等的译法与今之习惯用法不一致处，亦不作改动，只在全书内保持一致，对于可能给读者带来阅读障碍的，则加编者注予以简要说明；（3）原书标点有些与今天的习惯用法存在差异，在可能影响理解处作适当改动；（4）若确系排印舛误、数据计算和外文拼写错误等，则予以径改；（5）在王朝纪年和民国纪年后括注公元纪年，同一年号相邻处省略；（6）古今地名不同的，括注今地名或今属行政区。如有疏忽，敬请读者批评指正。

在我们编辑出版过程中，傅任敢先生的三位女儿傅平生、付渝生、傅乐生及首都师范大学王长纯教授给予了大力支持，在此一并致谢。

上海教育出版社教育与心理出版中心

2022年7月13日

傅任敢（1905—1982）

傅任敢与夫人杨仁（1981 年）

目录

辑印《近代中国教育人物像传》缘起

一

近来一时高兴，辑了一些清季兴学以来，已经去世的、与近代新式教育有关系的人物的照片和小传。承《中华教育界》编者的不弃，让我拿来按期先在本刊发表（参阅本期插图第一、二两页），因此趁这第一次与读者见面的机会，说明几句。

事情本来轻微之至，毫不足道；真实的起因，更是简单：内人杨仁女士看见同屋张太太集邮，她也弄着玩玩；我在帮她搜求之余，也许引动了我的搜集的本能吧，也想“东施效颦”。可是“正经地”一想，觉得此乃“玩物丧志”之事，她们作为“消

輯印「近代中國教育人物像傳」緣起

傅任敢

一

近來一時高興，輯了一些清季興學以來，已經去世的，與近代新式教育有關係的人物的照片和小傳。承中華教育界編者的不棄，讓我拿來按期先在本刊發表，（參閱本期插圖第一、二兩頁）因此趁這第一次與讀者見面的機會，說明幾句。

事情本來輕微之至，毫不足道；眞實的起因，更是簡單：內人楊仁女士看見同屋張太太集郵，她也弄着玩玩；我在幫她搜求之餘，也許引動了我的搜集的本能(?)吧，也想「東施效顰。」可是「正經地」一想，覺得此乃「玩物喪志」之事，她們作爲「消遣，」猶有「可言，」我也玩這個，太無意義，於是回到我的本行，集集教育人物的照片，於是搜集的本能與正經的思想乃各得其所，「不亦樂乎，」此所以「眞實的起因甚爲簡單」也！

不過，我若更向正經方面迫進一步，我也未嘗不可以說出幾大理由出來：

第一，弄點中國東西，正是一件時髦而且切要之圖。以言時髦，則年來正是「國貨」暢銷之時，學問上的中國東西，正如早幾年的洋貨一樣，適在最景氣的時候。以言切要，則背外國教本實在也太乏味，研究外國東西，又苦「荒地」無幾，墾出亦無多大好處。反之，本國材料方面的情形，則適得其反，尤其是關於人事社會一類的科學，此種利用本國材料的風氣，實在大可獎勵。此輯的目的，亦在對於此種風氣作點推波助瀾的工作，只是所助的波瀾，太「微乎小也」耳。

第二，「三句話不離本行，」中國教育史的整理，尙待大家的努力，整理的方面太多，而一、二、人的精力又極有限，於是而「分工合作」尙矣。此種重大工作，他人是否許我「分工，」我又是否能够資格去「合作，」現在「姑不具論，」至少至少，將來有本完備的中國敎育史出版，要找插圖的時候，也許有些便利，則「予小子」「有厚望焉。」

第三，大凡與敎育有重大關係的人，他們在文化方面，政治方面，立身處世，做人的道理方面，必定也是一些要角，有幾分蹊蹺的。然則「今有人焉，」準備一些紙張，一面「繡像，」一面「話說，」以供各位隨時瞻仰一番，玩味一番，「烟士披里純」之鑽入腦際，發生作用，殆亦未始絕不可能。是則此輯之作，亦非必爲「弄物喪志矣！」

二

既然如此正經說來，則凡事便不能不有辦法了。現在準備的辦法是這樣的：自本刊本卷一期起，按月刊印兩位的照片，兩位的小傳。照片在可能範圍內求其美觀清晰，小傳大部採取已成傳記。刊印的次序，先就主觀中的次序，由最要以至於次要，再次要（同時自然還要受搜得先後的限制。）人物內容，限於自同治初年，剏辦新敎育以來，其中有關係的，已經去世的人物。其所以限於新敎育者，取其範圍自然，與現在的關係最密切，而又最易着手；其所以僅說有關係的人物者，因爲專家不必卽爲功人，外行未必卽無貢獻；其所以限於去世者，則「蓋棺」容易「論定」也。三者湊合，故曰「近代中國敎育人物像傳。」至於刊完（也許不待刊完以後，）希望能再單行，那時便有三種不同的處理了。照片之外，重新作傳，配上有關的他種照片，如同手蹟之類，是爲上着。照片之外，只改作新傳，是爲中着。一字不改，重禍梨棗，是爲下着。將來也許以中着的可能爲最大，上着太難，下着也不至於。

三

最後，我願申明兩點：

第一，這件工作雖小，可是也得到許多師友的幫助，方才成功。卽如本期的張伯熙李善蘭二位的照片，前者由於胡子靖師的指點，後者得自李樂知先生的指示，而翻印的工作又均出於吳宗濟兄。凡此幫忙諸師友，統候單行時詳細道謝。

第二，我想各位猜得着：就是請求識與不識的朋友的幫助，無論指正錯誤，補充遺漏，我都以至大的誠意，在此候教。

一九三五、五、十六、於清華

遗”，犹有“可言”，我也玩这个，太无意义，于是回到我的本行，集集教育人物的照片，于是搜集的本能与正经的思想乃各得其所，“不亦乐乎”，此所以“真实的起因，甚为简单”也！

不过，我若更向正经方面，迫进一步，我也未尝不可以说出几大理由出来：

第一，弄点中国东西，正是一件时髦而且切要之图。以言时髦，则年来正是“国货”畅销之时，学问上的中国东西，正如早几年的洋货一样，适在最景气的时候。以言切要，则背外国教本实在也太乏味，研究外国东西，又苦“荒地”无几，垦出亦无多大好处。反之，本国材料方面的情形则适得其反，尤其是关于人事社会一类的科学，此种利用本国材料的风气，实在大可奖励。此辑的目的，亦在对于此种风气作点推波助澜的工作，只是所助的波澜，太“微乎小也”耳。

第二，“三句话不离本行”，中国教育史的整理，尚待大家的努力，整理的方面太多，而一二人的精力又极有限，于是而“分工合作”尚矣。此种重大工作，他人是否许我“分工”，我又是否能够资格去“合作”，现在“姑不具论”，至少至少，将来有本完备的中国教育史出版，要找插图的时候，也许有些便利，则“予小子”“有厚望焉”。

第三，大凡与教育有重大关系的人，他们在文化方面、政治方面、立身处世、做人的道理方面，必定也是一些要角，有几分蹊跷的。然则“今有人焉”，准备一些纸张，一面“绣像”，一面“话说”，以供各位随时瞻仰一番，玩味一番，“烟士披里纯”[①]之钻入脑际，发生作用，殆亦未始绝不可能。是则此辑之作，亦非必为“弄物丧志矣！”

二

既然如此正经说来，则凡事便不能不有办法了。现在准备的办法是这样的：自本刊本卷一期起，按月刊印两位的照片、两位的小传。照片在可能范围

① 即英文 inspiration 的音译，意为“灵感”。——编者注

内求其美观清晰，小传大部采取已成传记。刊印的次序，先就主观中的次序，由最要以至于次要，再次要（同时自然还要受搜得先后的限制）。人物内容，限于自同治初年（1862年）创办新教育以来，其中有关系的、已经去世的人物。其所以限于新教育者，取其范围自然，与现在的关系最密切，而又最易着手；其所以仅说有关系的人物者，因为专家不必即为功人，外行未必即无贡献；其所以限于去世者，则“盖棺”容易“论定”也。三者凑合，故曰：《近代中国教育人物像传》。至于刊完（也许不待刊完以后），希望能再单行，那时便有三种不同的处理了。照片之外，重新作传，配上有关的他种照片，如同手迹之类，是为上着。照片之外，只改作新传，是为中着。一字不改，重祸梨枣，是为下着。将来也许以中着的可能为最大，上着太难，下着也不至于。

三

最后，我愿申明两点：

第一，这件工作虽小，可是也得到许多师友的帮助，方才成功。即如本期的张百熙、李善兰二位的照片，前者由于胡子靖师的指点，后者得自李乐知先生的指示，而翻印的工作又均出于吴宗济兄。凡此帮忙诸师友，统候单行时详细道谢。

第二，我想各位猜得着：就是请求识与不识的朋友的帮助，无论指正错误，补充遗漏，我都以至大的诚意，在此候教。

一九三五、五、十六　于清华

《中华教育界》第二十三卷第一期，

一九三五年七月

首先创建整个近代学校制度《奏定学堂章程》之张百熙先生

张百熙，字野秋，湖南长沙人。同治十三年（1874年）进士，授编修。曾督山东、广东学政，典试四川，命直南书房，迁侍读，累迁内阁学士。拳匪乱定，下诏求言。百熙疏请改官制，理财政，变科举，建学堂，设报馆。光绪二十七年（1901年），任管学大臣，“将学堂一切事宜，责成经理”。闻桐城吴汝纶负时望，遂以直隶州奏请加五品卿衔充京师大学堂总教习。汝纶辞，百熙具衣冠伏拜地下曰：“吾为全国求人师，当为全国生徒拜请也。先生不出，如中国何。”汝纶感其诚，勉起应诏。二十八年七月，进呈《全学堂章程》，奉旨“照准”，称《钦定学堂章程》，为学校系统建立之始，惟未实行。

首先創建整個近代學校制度奏定學堂章程之

張百熙先生

近代中國教育人物像傳之一——傅任敢輯

張百熙字埜秋，湖南長沙人。同治十三年進士，授編脩。曾督山東廣東學政，典試四川，命直南書房，累遷內閣學士。拳匪亂定，下詔求言。百熙疏請改官制，理財政，變科舉，建學堂，設報館。二十七年，任管學大臣，『將學堂一切事宜，責成經理。』聞桐城吳汝綸負時望，遂以直隸州奏請加五品卿銜，充京師大學堂總教習。汝綸辭，百熙具衣冠伏拜地下曰，『吾爲全國求人師，當爲全國生徒拜請也。先生不出，如中國何。』汝綸感其誠，勉起應詔。二十八年七月，進呈全學堂章程，奉旨照准，稱欽定學堂章程，爲學校系統建立之始，惟未實行。二十九年閏五月，適湖廣總督張之洞入覲，百熙乃與榮慶奏請派之洞重訂學堂章程。之洞留京數月，會同更定，凡七易稿。十一月頒佈，稱奏定學堂章程。章程前，編有學務綱要一冊，述舉要旨。是爲清季教育之法典。同年冬，奏派大學堂速成科學生出洋留學，余棨昌等三十一人赴日本，俞同奎等十六人赴西洋各國。政府派遣學生留歐，作始於此。自百熙管學後，學風丕變，聲譽日隆，忌者日衆，百熙苦心支拄，力任羣謗，未嘗稍餒。御史某密奏請增設滿大臣管學，於是榮慶銜命至。榮慶意專，百熙不能行其志，動輒掣肘，處境至苦。乙未，立學部，以榮慶爲尚書。百熙至是，遂謝學務。百熙『拊循學生，施誠懇摯，』感人至深。留學生將行，躬送登車，勉以大業。故歿之日，生徒集祭，咸痛哭失聲云（錄第一次中國教育年鑑周邦道編張百熙傳略）

首先创建整个近代学校制度《奏定学堂章程》之张百熙先生

二十九年闰五月，适湖广总督张之洞入觐，百熙乃与荣庆奏请派之洞重订学堂章程。之洞留京数月，会同更定，凡七易稿。十一月颁布，称《奏定学堂章程》。章程前，编有《学务纲要》一册，述举要旨。是为清季教育之法典。同年冬，奏派大学堂速成科学生出洋留学，余棨昌等三十一人赴日本，俞同奎等十六人赴西洋各国。政府派遣学生留欧，作始于此。自百熙管学后，学风丕变，勋誉日隆，忌者日众，百熙苦心支拄，力任群谤，未尝稍馁。御史某密奏请增设满大臣管学，于是荣庆衔命至。荣庆意专，百熙不能行其志，动辄掣肘，处境至苦。乙未[①]，立学部，以荣庆为尚书。百熙至是，遂谢学务。百熙“拊循学生，肫诚恳挚”，感人至深。留学生将行，躬送登车，勉以大业。故殁之日，生徒集祭咸痛哭失声云。（录《第一次中国教育年鉴》周邦道编《张百熙传略》）

原载《中华教育界》二十三卷第一期，

一九三五年七月

① 原文有误，应为乙巳（1905年）。——编者注

中国第一近代式学校同文馆中之唯一科学教授李善兰先生

李善兰，字壬叔，浙江海宁人。诸生甫入学，偶受教官训言，遂辞出，终身不就试。少从长洲（今江苏苏州）陈奂受经，通辞章训诂之学，而于算术好之独深。年九岁，窃《九章》阅之，以为可不学而能。后得《测圆海镜》《勾股割圜记》，所造渐精。因思割圜法非自然，深思得其理。尝谓道有一贯，艺亦有一贯，《测圆海镜》每题皆有法有草，法者本题之法也，草者用立天元一，曲折以求本题之法，乃造法之法，法之源也。算术大至躔离交食，细至米盐琐屑，其法至繁，以立天元一演之，莫不能得其法。故立天元一者，算学中之一贯也。并时明算如钱塘（今属浙江杭州）戴煦，南汇（今属上

中國第一近代式學校同文館中之惟一科學教授

李善蘭先生

近代中國教育人物像傳之一——傅任敢輯

李善蘭，字壬叔；浙江海寧人。諸生。甫入學，偶受教官訓言，遂辭出，終身不就試。少從長洲陳奐受經，通辭章訓詁之學，而於算術好之獨深。年九歲，竊九章閱之，以為可不學而能。後得測圓海鏡，勾股割圜記，所造漸精。因思割圜法非自然，深思得其理。嘗謂道有一貫，藝亦有一貫，割圜海鏡每題皆有法有草，法者本題之法也，草者用立天元一曲折以求本題之法，乃造法之法，法之源也。算術大至躔離交食，細至米鹽瑣屑，其法至繁，以立天元一演之，莫不能得其法。故立天元一者，算學中之一貫也。並時明算如錢塘戴煦，南匯張文虎，烏程徐有壬，汪曰楨，歸安張福僖，皆友善；時相問難。咸豐初，客上海，識英吉利偉烈亞力艾約瑟韋廉臣三人。偉烈亞力精天算，通華言。善蘭以歐几里幾何原本十三卷，續增二卷，共十五卷；明時秖譯六卷。因與偉烈亞力同譯後九卷。西士精通幾何者尠，各國俗本多掣去七八九十四卷；其第十卷闡理幽元，非深思力索不能驟解，故譌奪甚多。善蘭筆受時，輒以意匡補。譯成，偉烈亞力言，西士他日欲得善本，當反求諸中國也。偉烈亞力又言，美國羅密士為天算名家，取代數微分積分合為一書，分款設題，較若列眉，復與善蘭同譯之。譯成，名曰代微積拾級，共十八卷。代數變天元四元，別為新法，微分積分二術，又借徑於代數，實中土未有之奇秘。善蘭隨題剖析，自言得力於海鏡為多。又與艾約瑟譯重學二十卷，附曲綫說一卷。又與偉烈亞力譯談天十八卷，又譯物學八卷。以粵匪陷吳越，從曾國藩安慶軍中，相依數歲。同治七年，巡撫郭嵩燾以通算薦，徵入同文館，充算學總教習，總理衙門章京，積官至戶部郎中，晉三品卿銜。善蘭課同文館生以海鏡，而以代數演之，合中西為一法，成就甚眾。光緒十年，卒於官，年垂七十矣。所著纂經算學考，未成，燬於兵。有方圓闡幽一卷，弧矢啟秘三卷，對數探原二卷，垛積比類四卷，四元解二卷，麟德解三卷，橢圓正術解二卷，新術一卷，拾遺四卷，火器真訣一卷，對數尖錐變法釋一卷，級數回求一卷，天算或問一卷，附考數根法一卷，統名則古昔齋算學。善蘭聰彊絕人，蓋有天授，其於算能執理之至簡，馭數之至繁，故衍之無不可通之數，抉之即無不可窮之理。所譯各書，皆信筆直書，了無疑義，世謂梅文鼎悟借根之出天元，善蘭能變四元而為代數，蓋梅氏以後一人云。（錄清史列傳）

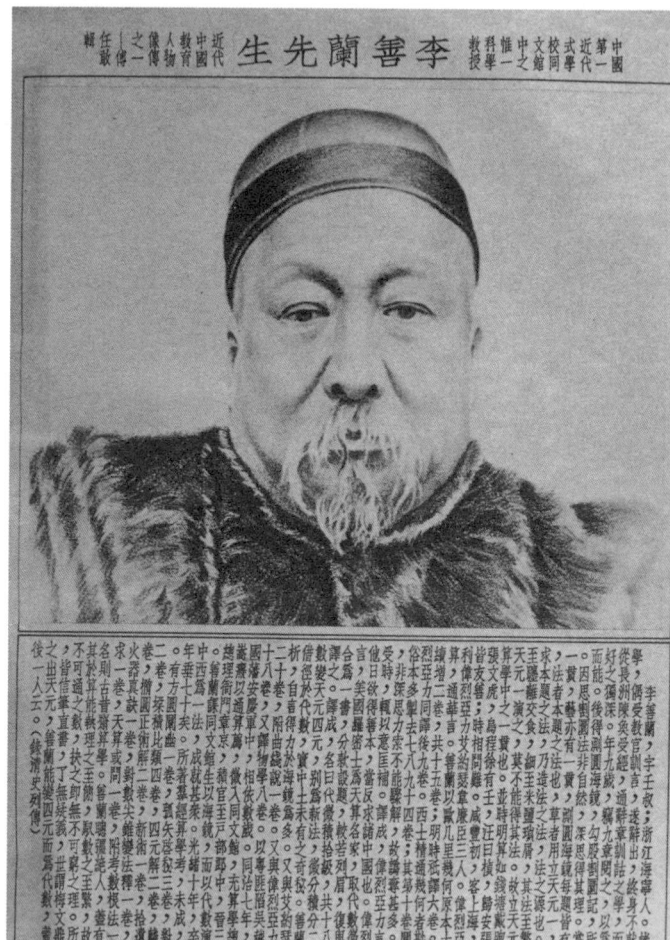

海浦东新区）张文虎，乌程（今属浙江湖州）徐有壬、汪日桢，归安（今属浙江湖州）张福僖，皆友善，时相问难。咸丰初，客上海，识英吉利伟烈亚力、艾约瑟、韦廉臣三人。伟烈亚力精天算，通华言。善兰以欧几里[1]《几何原本》十三卷，续增二卷，共十五卷；明时只译六卷。因与伟烈亚力同译后九卷。西士精通几何者鲜，各国俗本多掣去七、八、九、十四卷；其第十卷阐理幽元，非深思力索不能骤解，故讹夺甚多。善兰笔受时，辄以意匡补。译成，伟烈亚力言，西士他日欲得善本，当反求诸中国也。伟烈亚力又言，美国罗密士为天算名家，取代数、微分、积分合为一书，分款设题，较若列眉，复与善兰同译之。译成，名曰《代微积拾级》，共十八卷。代数变天元、四元，别为新法，微分、积分二术，又借径于代数，实中土未有之奇秘。善兰随题剖析，自言得力于《海镜》为多。又与艾约瑟译《重学》二十卷，附《曲线说》一卷。又与伟烈亚力译《谈天》十八卷，又译《物学》八卷。以粤

① 欧几里，今译“欧几里得”。——编者注

匪陷吴越，从曾国藩安庆军中，相依数岁。同治七年（1868年），巡抚郭嵩焘以通算荐，征入同文馆，充算学总教习，总理衙门章京，积官至户部郎中，晋三品卿衔。善兰课同文馆生以《海镜》，而以代数演之，合中西为一法，成就甚众。光绪十年（1884年），卒于官，年垂七十矣。所著《群经算学考》，未成，毁于兵。有《方圆阐幽》一卷，《弧矢启秘》三卷，《对数探原》二卷，《垛积比类》四卷，《四元解》二卷，《麟德解》三卷，《椭圆正术解》二卷，《新术》一卷，《拾遗》四卷，《火器真诀》一卷，《对数尖锥变法释》一卷，《级数回求》一卷，《天算或问》一卷，附《考数根法》一卷，统名《则古昔斋算学》。善兰聪强绝人，盖有天授，其于算能执理之至简，驭数之至繁，故衍之无不可通之数，抉之即无不可穷之理。所译各书，皆信笔直书，了无疑义，世谓梅文鼎悟借根之出天元，善兰能变四元而为代数，盖梅氏以后一人云。（录《清史列传》）

原载《中华教育界》二十三卷第一期，
一九三五年七月

主稿《奏定学堂章程》，提倡“中学为体，西学为用”，力行新学之张之洞先生

张之洞，字孝达，一字香涛，又字香严。河北南皮人。生于清道光十七年（1837 年）。年十六，举顺天乡试第一。同治三年（1864 年）成进士，以第三人，及第。六年，充浙江乡试副官，旋督湖北学政。十二年，典试四川，就授学政。会商前总督吴棠奏设尊经书院，择郡邑之秀者，肄业其中，聘名儒督课之，一切章程，手自订定。著《𬨎轩语》《书目答问》，示蜀士以读书之法。光绪二年（1876 年），奏陈川省试场积弊，因上整顿八策，请敕部核议。十二月，充文渊阁校理。五年，晋国子监司业。八月擢詹事府左春坊左中允。九月晋司经局洗马。十二月，使俄大使崇厚与俄国擅订新约，氏论

主稿奏定學堂章程提倡中學爲體西學爲用力行新學之

張之洞先生

近代中國教育人物像傳之一——傅任敢輯

張之洞先生傳

張之洞，字孝達，一字香濤，又字香嚴。河北南皮人，生於清道光十七年。年十六，舉順天鄉試第一。同治三年成進士，以第三人及第。六年，充浙江鄉試副官，旋督湖北學政。十二年，典試四川，就授學政。會商前總督吳棠奏設尊經書院，擇郡邑之秀者，肄業其中，聘名儒督課之，一切章程，手自訂定。著輶軒語，書目答問，示蜀士以讀書之法。光緒二年，奏陳川省試場積弊，因上整頓八策，請敕部核議。十二月，充文淵閣校理。五年，晉國子監司業。八月擢詹事府左春坊左中允。九月晉司經局洗馬。十二月，使俄大使崇厚與俄國擅訂新約，氏論奏其失，請斬崇厚，毀俄約。疏上，乃逮崇厚職治罪，以侍郎曾紀澤代之，議改約。六年二月，授翰林院侍講。五月，轉侍讀。六月，陞授右春坊右庶子。七月，充日講起居注官。七年二月，陞侍讀學士，六月，擢授內閣學士，兼禮部侍郎銜。十一月特簡為山西巡撫。晉當大祲後，至則政無不舉，於教育事業，則有令德堂，洋務局，然頗有詆毀之者，閻敬銘力言其賢，遂令權兩廣總督。八年法越戰起，薦馮子材李秉衡張曜等任將帥，而劾罷潘鼎新。賞罰既肅，軍情大奮，遂建諒山之績。十年三月入覲，四月，兩廣總督張樹聲解任，專治軍，以氏代之。未幾，約定，以功賞花翎。氏恥言和，則陰自圖強。設廣東水陸師學堂，捬槍砲廠，開礦務局。疏請大治水師，歲提專款購兵艦。復立廣雅書院，武備文事並舉。十二年六月，兼署廣東巡撫。十五年三月，調補湖廣總督。十九年，兼署湖北巡撫。二十一年，中日事棘，代劉坤一總督兩江，至則巡閱江防，購新出後膛砲，改築西式礮臺，設專將領兵領之。募德人為教練，名曰「江南自強軍」。又兼採東西各國規模，廣立武備，農，工，商，鐵路，方言，軍醫諸學堂。尋還任湖北。自中日戰後，國勢一變，朝野人士，羣議變法，尤以廢時文，改策論為要旨，而氏主張尤烈。迨戊戌變政，於德宗銳意改革時，贊助甚力，嘗保薦新黨數人，梁啓超楊銳卽其門人也。變起，乃電請慈禧重懲維新黨人，並作勸學篇以自文，始得免議。二十六年，兼署湖北提督，時義和團事起，北京糜爛，氏乃與江督劉坤一，粵督李鴻章，魯撫袁世凱等，共同與外國領事定保護東南之約，明年和議成，以功加太子太保，是年八月，與坤一合上變法三疏。其尤要者，則設學堂停科舉獎遊學諸端，皆次第行焉。二十八年，充督辦商務大臣，再署兩江總督，明年入覲，充經濟特科閱卷大臣，釐定學堂章程。先是管學大臣張百熙於二十七年奏定學堂章程，與榮慶積不相能，榮慶欲推倒此項章程，適氏自鄂入覲，乃奏請以氏改訂學堂章程。留京數月，悉更定之事畢，仍返原任。三十三年五月，以湖廣總督協辦大學士，六月補體仁閣大學士，七月，授軍機大臣，旋命管學部，十二月，充經筵講官，三十四年六月命兼充督辦粵漢鐵路大臣。帝后既崩，氏以顧命重臣，晉太子太保。宣統元年二月，充實錄館總裁，八月二十日卒，年七十三。遺疏聞，朝野震悼。贈太保，諡文襄。

主稿《奏定学堂章程》，提倡「中学为体，西学为用」，力行新学之张之洞先生

奏其失，请斩崇厚，毁俄约。疏上，乃递崇厚职治罪，以侍郎曾纪泽代之，议改约。六年二月，授翰林院侍讲。五月，转侍读。六月，升授右春坊右庶子。七月，充日讲起居注官。七年二月，升侍讲学士，六月，擢授内阁学士，兼礼部侍郎衔。十一月特简为山西巡抚。晋当大祲后，至则政无不举，于教育事业，则有令德堂、洋务局，然颇有诋毁之者，阎敬铭力言其贤，遂令权两广总督。八年法越战起，荐冯子材、李秉衡、张曜等任将帅，而劾罢潘鼎新。赏罚既肃，军情大奋，遂建谅山之迹。十年三月入觐，四月，两广总督张树声解任，专治军。以氏代之。未几，约定，以功赏花翎。氏耻言和，则阴自图强。设广东水陆师学堂，创枪炮厂，开矿务局。疏请大治水师，岁提专款购兵舰。复立广雅书院，武备文事并举。十二年六月，兼署广东巡抚。十五年三月，调补湖广总督。十九年，兼署湖北巡抚。二十一年，中日事棘，代刘坤一总督两江，至则巡阅江防，购新出后膛炮，改筑西式炮台，设专将额兵领之。募德人为教练，名曰“江南自强军”。

又兼采东西各国规模，广立武备、农、工、商、铁路、方言、军医诸学堂。寻还任湖北。自中日战后，国势一变，朝野人士，群议变法，尤以废时文、改策论为要旨，而氏主张尤烈。迨戊戌变政，于德宗锐意改革时，赞助甚力，尝保荐新党数人，梁启超、杨锐即其门人也。变起，乃电请慈禧重惩维新党人，并作《劝学篇》以自文，始得免议。二十六年，兼署湖北提督，时义和团事起，北京糜烂，氏乃与江督刘坤一、粤督李鸿章、鲁抚袁世凯等，共同与外国领事定保护东南之约，明年和议成，以功加太子太保，是年八月，与坤一合上《变法三疏》。其尤要者，则设学堂、停科举、奖游学诸端，皆次第行焉。二十八年，充督办商务大臣，再署两江总督，明年入觐，充经济特科阅卷大臣，厘定《学堂章程》。先是管学大臣张百熙于二十七年奏定《学堂章程》，与荣庆积不相能，荣庆欲推倒此项章程，适氏自鄂入觐，乃奏请以氏改订《学堂章程》。留京数月，悉更定之事毕，仍返原任。三十三年五月，以湖广总督协办大学士，六月补体仁阁大学士，七月，授军机大臣，旋命管学部，十二月，充经筵讲官，三十四年六月命兼充督办粤汉铁路大臣。帝后既崩，氏以顾命重臣，晋太子太保。宣统元年（1909年）二月，充实录馆总裁，八月二十日卒，年七十三。遗疏闻，朝野震悼。赠太保，谥文襄。

原载《中华教育界》二十三卷第二期，
一九三五年八月

最先主张留学政策并躬任第一任留学监督之容闳先生

容闳，字纯甫，广东香山（今中山市）人。清道光八年（1828 年）生于澳门。留学美国耶鲁大学，咸丰四年（1854 年）返国。为江苏候补同知。同治元年（1862 年），谒曾国藩建议设机器厂；旋奉国藩命赴美，购置机器。七年，谒江苏巡抚丁日昌，以所拟教育计划进，日昌大赞许，嘱亟撰条陈，转呈文祥相国。所谓教育计划，即“政府宜选派颖秀青年，送之出洋留学，以为国家储蓄人才”是也。适文祥丁内艰，未几，又下世，事搁，闳抑郁久之。十一考，乘机请日昌言于国藩，国藩意谓善，遂与李鸿章联衔奏请选聪颖幼童赴美留学，每年三十名，四年计一百二十名，十五年后依次回国。并荐

最先主張留學政策並躬任第一任留學監督之

容閎先生

近代中國教育人物像傳之一——任敏輯

容閎，字純甫，廣東香山人。清道光八年生於澳門。留學美國耶魯大學，咸豐四年返國。爲江蘇候補同知。同治元年，謁曾國藩建議設機器廠；旋奉國藩命赴美，購置機器。七年，謁江蘇巡撫丁日昌，以所擬教育計畫進，日昌大贊許，囑亟撰條陳，轉呈文祥相國。所謂教育計畫，即『政府宜選派穎秀青年，送之出洋留學，以爲國家儲蓄人才』是也。適文祥丁內艱，未幾，又下世，事擱，閎抑鬱久之。十一年，乘機請日昌言於國藩，國藩慨諾，遂與李鴻章聯銜奏請選穎幼童赴美留學，每年三十名，四年計一百二十名，十五年後依次回國。並薦陳蘭彬容閎爲正副委員，經理留學事務。奉旨『依議』。閎以目的已達，喜不寐，因在滬設立預備學堂，國藩幕府劉開成爲堂長。十一年，第一批學生唐紹儀詹天佑等出發，閎先期赴美，部署一切。設留學事務所。至光緒元年，第四批學生遣派畢，閎奉命爲駐美副公使，非其志，數請辭，結果仍兼監督之任。後以與新監督吳子登齟齬，御史某，因美國華工禁約之事，又上封奏，請解散留學事務所，撤回留學生，以報復美人。於是此一百二十名之留學生，遂於光緒七年凄然返國。閎首先主張留學，又躬爲第一任留學監督，對於留學教育，貢獻彌多。著有西學東漸記，中述其計畫與事業，至詳備云。（錄第一次中國教育年鑑周邦道編容閎傳略）

陈兰彬、容闳为正、副委员，经理留学事务。奉旨“依议”。闳以目的已达，喜不寐，因在沪设立预备学堂，国藩幕府刘开成为堂长。十一年，第一批学生唐绍仪、詹天佑等出发，闳先期赴美，部署一切。设留学事务所。至光绪元年（1875 年），第四批学生遣派毕，闳奉命为驻美副公使，非其志，数请辞，结果仍兼监督之任。后以与新监督吴子登龃龉，御史某，因美国华工禁约之举，又上封奏，请解散留学事务所，撤回留学生，以报复美人。于是此一百二十名之留学生，遂于光绪七年凄然返国。闳首先主张留学，又躬为第一任留学监督，对于留学教育，贡献弥多。著有《西学东渐记》，中述其计划与事业，至详备云。（录《第一次中国教育年鉴》周邦道编《容闳传略》）

原载《中华教育界》二十三卷第二期，
一九三五年八月

清季力兴西艺因及西学的左宗棠先生

左宗棠，字季高，湖南湘阴人。道光十二年（1832年）举人，三试礼部，不第；遂绝意仕进，究心舆地、兵法。喜为壮语，惊众；名在公卿间。咸丰初，湖南巡抚章亮基，礼辟之，不就；后见夺于骆秉章，遂佐戎幕。以军功，诏以兵部郎中用，旋加四品。会骆秉章劾罢总兵樊燮，樊构怨，造蜚语，上闻，召宗棠对簿武昌（今湖北鄂州），幸大臣等力言，并荐其才，得勿逮。朝旨以四品京堂从曾国藩治军，竟以是显贵。同治五年（1866年），内乱既平，宗棠倡减兵并饷之议。又以海禁开，非制造船械，不能图强。乃创船厂于马尾山下，荐沈葆桢主

清季力與西藝因及西學的

左宗棠先生

近代中國教育人物像傳之一 —傅任敢輯

左宗棠，字季高，湖南湘陰人。道光十二年舉人，三試禮部，不第；遂絕意仕進，究心輿地兵法。喜爲壯語，驚眾；名在公卿間。咸豐初，湖南巡撫張亮基，禮辟之，不就；後見聘於駱秉章，遂佐戎幕。以軍功，詔以兵部郎中用，旋加四品。會駱秉章劾罷總兵樊燮，樊構怨，造蜚語，上聞，召宗棠對簿武昌，幸大臣等力言，並薦其才，得勿逮。朝旨以四品京堂從曾國藩治軍，竟以是顯貴。同治五年，內亂既平，宗棠倡減兵併餉之議。又以海禁開，非製造船械，不能圖強。乃創船廠於馬尾山下，薦沈葆楨主其事，爲我國有藝局，水師學堂之始。時回亂變起，詔宗棠督陝，十二年亂平，奏請「甘肅分闈鄉試，設學政」。光緒元年海防議起，宗棠膺欽差大臣命，有專南疆；四年，新疆改建行省，請屯哈密。六年，議還伊犁，立屯田之制。十年法人內犯，詔宗棠，視師福建。七月，卒於福州。總其生平，鋒穎凜凜，好自矜伐，然亦留意於庠序之教。竟由是而樹職業教育之基，亦足多焉。（錄第一次中國教育年鑑，金桂蓀稿左宗棠傳略）

清季力兴西艺因及西学的左宗棠先生

其事，为我国有艺圃、水师学堂之始。时回乱[1]继起，诏宗棠督陕，十二年乱平，奏请："甘肃分闱乡试，设学政。"光绪元年（1875 年）海防议起，宗棠膺钦差大臣命，有事南疆；四年，新疆改建行省，请屯哈密。六年，俄还伊犁，立屯田之制。十年法人内犯，诏宗棠，视师福建。七月，卒于福州。总其生平，锋颖凛凛，好自矜伐，然亦留意于庠序之教。竟由是而树职业教育之基，亦足多焉。（录《第一次中国教育年鉴》金桂荪编《左宗棠传略》）

原载《中华教育界》二十三卷第一期，

一九三五年九月

① 指清同治年间陕西、甘肃回族农民起义。——编者注

创办天津南开学校，力兴教育的严修先生

先生讳修，字范孙，原籍浙江慈溪，先世移居天津，遂家焉。前清壬午（1882年）举人，癸未（1883年）进士，历官翰林院编修、贵州学政、学部侍郎。民国以来，虽袁政府任以教育总长、参政等职，均不就。居津二十年，专心教育、社会事业，年七旬，于民国十八年（1929年）三月十五日，卒于里第。先生十四岁入邑庠，有神童之目。及督学贵州，聘名儒，裁陋规，刊《劝学篇》，慕张文襄公所为。时当光绪戊戌之前，尤洞悉旧制不足以救时，首改南书院为经世学堂，聘黔儒雷玉峰主讲席。并捐廉购沪楚书籍运黔，照原价发售，捐资垫付运费数万金，贵州新之学萌芽自兹始。任满奏请经济特

創辦天津南開學校力與教育的

嚴修先生

近代中國教育人物像傳之一 ——傅任敢輯

先生諱修，字範孫，原籍浙江慈谿，先世移居天津，遂家焉。前清壬午舉人，癸未進士，歷官翰林院編修，貴州學政，

，學部侍郎。民國以來，雖袁政府任以教育總長參政等職，均不就。居津二十年，

國十八年三月十五日，卒於里第。先生十四歲入邑庠，有神童之目。及督學貴州，

文襄公所爲。時當光緒戊戌之前，尤洞悉舊制不足以救時，首改南書院爲經世學堂，

[illegible]

年間，天津私立第一小學，南開學校，進步皆爲迅速。六十歲後特制古今體詩，聯合同志主持

學，組織存社及崇化學會，延章式之先生及諸名宿主講。晚年蓋鑒於國學日替，姑爲提倡，以救其弊之

其用心正無以異。卒後，近者哀傷，遠者驚歎，門人私謚爲靜遠先生云。公之著述，有嚴氏

公詩集注，詩集，日記等書。（節錄陳寶泉編嚴先生事略）

近代中国教育人物像传

科，座师徐桐恶其所为，尽撤去其翰林院职务，遂请假回籍。先生自律至严，门无杂宾，室无媵妾。其教子弟也，和平与严肃并用，先生本多佳子弟，复聘陶仲铭、张伯苓诸名宿为之师。首建议自家塾扩充为敬业中学，招生百余人，后以傅学者众，移其校于南开，即今之南开学校也。先生于国民教育尤具热心，当时天津有私塾而无学校，先生乃联合津中士绅，出资改组蒙养学塾为天津民立第一小学堂。行之数月，成效甚著。于是官绅闻风兴起，天津教育始为之一振。先生于天津之兴学，成绩既著，于是直隶学校司胡公景桂首荐公自代，在任一年，以劝学筹款为首务，劝学所、宣讲所均公所创设。此外所创设者，为天津模范小学、天河师范、北洋师范、高等法政、女子师范等学堂，造就师资，尤公所最注意。居天津时，既推荐赴日习师范者二十人。任省政时，规划每府除应设一中学外，并应设一师范学堂。去任后师范经费尚未筹集，更设法竭力赞助之。至各县小学之兴替，其权操之州县长官，故对于州县官奖诫分明，不少假藉。公居职时，各县教育无不蒸蒸有起色者此也。乙巳（1905年）清廷设立学部，被任为学部侍郎，先生雅不欲就，政府敦促之始就道，其时学制已为《奏定章程》所限，不能大有更张，故多从实施入手。于京师设督学局，以统一都中教育；设图书局，以编辑教科及参考各书；设京师图书局，以搜罗故籍；设京师分科大学，以造就通才。提学司之制，亦为公所手定，初用人均归部荐，故多一时之选，逮改为廷推，则精意失矣。清德宗逝世，摄政王当国，教育益不理，赖张文襄公（时为管学大臣）左右之，始勉强自安。逮文襄逝世，公确见天下事决无可为，遂谢病辞职。清政解纽，国事败坏，公自是专心教育事业。此后数年间，天津私立第一小学、南开学校，进步皆绝速。六十岁后特制古今体诗，联合同志主持城南诗社，斯时尤留意国学，组织存社及崇化学会，延章式之先生及诸名宿主讲。盖鉴于国学日替，姑为补偏救弊之谋，与当年之提倡新学，其用心正无以异。卒后，近者哀伤，远者惊叹，门人私谥为静远先生

云。公之著述，有《严氏教女法》《欧游记》《张文襄公诗集注》、诗集、日记等书。（节缀陈宝泉编《严先生事略》）

原载《中华教育界》二十三卷第三期，
一九三五年九月

主张教养兼施，倡导陕甘新教育的刘光蕡先生

先生刘氏，名光蕡，字焕唐，号古愚，陕西咸阳人也。少失怙恃，稍长，避回寇醴泉（今陕西咸阳礼泉县）、兴平间。窘至粥饼饵于市，夜复为人转磨屑麦，资一饱。乱定，归里，试入府庠，交名儒李编修寅、柏举人景伟，遂益究汉宋儒者之说；尤取阳明本诸良知者，归于经世。举光绪乙亥（1875年）科乡试，赴礼部试，不第，乃退居教授数十年，终其身。当是时，中国久积弱，屡被外侮；先生愤慨，务通经致用，灌输新学、新法、新器以救之。以此为学，亦以此为教。历主泾阳、泾干、味经、崇实诸书院。其法，分课编日程，躬与切摩，强聒不舍。门弟子千数百人，成就者众，而关中风趋亦

主張教養兼施倡導陝甘新教育的

劉光蕡先生

近代中國教育人物像傳之一——傳任敢輯

先生劉氏，名光蕡，字煥唐，號古愚，陝西咸陽人也。少失怙恃，稍長，避回寇醴泉興平間。鬻王某餅餌於市，夜復為人轉磨屑麥，資一飽。亂定，歸里，試入府庠，交名儒李編修寅，柏舉人景偉，遂發究漢宋儒者之說；尤取陽明本諸良知者，歸於經世。舉光緒乙亥科鄉試，赴禮部試，不第，乃退居教授數十年，終其身。當是時，中國久積弱，屢挫外侮；先生憤慨，務通經致用，灌輸新學，新法，新器，以救之。以此為學，亦以此為教。歷主涇陽，涇干，味經，崇實諸書院。其法，分課編日程，躬與切摩，強聒不舍。門弟子千數百人，成就者衆，而關中風趨亦為一變矣。生平撰著，根據指要，探聖哲遺文之精蘊，比傅時變，深切著明，頗多前儒所未發。而制行堅苦，不欺其志，矯迂疏之習，絕詭隨之弊，閎識孤懷，罕與為比。嗚呼，可謂曠世之通儒已。先生既勤於教學，復慮黔為鄉人狃故習，圖久遠之利，振以新猷，種植紡織，刊書之局，創辦之廣，靡不殫竭心力而策其效焉。中間遘疾幾盲，歸臥煙霞草堂，因悟聲音轉注之奧，欲以聲該義，合中外文讀法為一；成蒙童識字捷訣十餘卷。書成目復明。及貴州學政嚴薦應經濟特科，謝不赴。生平嚴取予，雖處窮困，一介不苟受，忘身與家，拮据憂國。既歷甲午庚子之變，勢益亟，語及輒痛哭。與人接，不忤，出惻怛至誠，即有負之者，置弗較。從游徒衆，尤依之如慈父，仰之如天人，其精神意氣，凜凜然無一念不繫民物，無一息不勤課誦也。歲癸卯，甘肅長吏聘主大學堂，先生以邊地回漢之爭，繫大局安危，欲假學術漸摩，開其塞陋，弭讎患，遂決行。未幾，病作，歐血投課，致不起，卒年六十一。所成書數十種，類識示學者取便，非以自名，頗散佚，為弟子王君典章次第校刊，曰立政臆解一卷，學記臆解一卷，大學古義一卷，孝經本義一卷，論語時習錄五卷，孟子性善備萬物圖說一卷，管子小匡篇節評一卷，荀子議兵篇節評一卷，史記貨殖列傳注一卷，史記太史公自序注一卷，前漢書食貨志注一卷，前漢書藝文志注一卷，古詩十九首注一卷，陶淵明閑情賦注一卷，改設學堂私議一卷，讀經私議一卷，團練私議一卷，煙霞草堂文集詩集凡十卷行於世。（節學衡第十九期陳三立編劉古愚先生傳）

主张教养兼施，倡导陕甘新教育的刘光蕡先生

为一变矣。生平撰著，根据指要，探圣哲遗文之精蕴，比傅时变，深切著明，类多前儒所未发。而制行坚苦，不欺其志，矫迂疏之习，绝诡荡之弊，闳识孤怀，罕与为比。呜呼！可谓旷世之通儒已。先生既劬于教学，复勤勤为乡人改故习，图久远之利，赈灾抚寇，种植纺织，刊书之局，制蜡之厂，靡不殚竭心力而策其效焉。中间遘疾几盲，归卧烟霞草堂，因悟声音转注之奥，欲以声统义，合中外文读法为一，成《蒙童识字捷诀》[1]十余卷。书成目复明。及贵州学政荐应经济特科，谢不赴。生平严取予，虽处穷困，一介不苟受，忘身与家，枯槁忧国。既历甲午庚子之变，势益亟，语及辄痛哭。与人接，不挠不忤，出恻怛至诚，即有负之者，置弗较。从游徒众，尤依之如慈父，仰之如天人，其精神意气凛凛然，无一念不系民物，无一息不勤课诵也。岁癸卯（1903年），甘肃长吏聘主大学堂，先生以边地回汉之争，系大局安危，欲假学渐摩，开其塞

① 原文有误，应为《童蒙识字捷决》。——编者注

陋，弭隐患，遂决行。未几，病作，呕血授课，致不起，卒年六十一。所成书数十种，类讲示学者取便，非以自名，颇散佚，为弟子王君典章次第搜刊，曰《立政臆解》一卷，《学记臆解》一卷，《大学古义》一卷，《孝经本义》一卷，《论语时习录》五卷，《孟子性善备万物图说》一卷，《管子小匡篇节评》一卷，《荀子议兵篇节评》一卷，《史记货殖列传注》一卷，《史记太史公自序注》一卷，《前汉书食货志注》一卷，《前汉书艺文志注》一卷，《古诗十九首注》一卷，《陶渊明闲情赋注》一卷，《改设学堂私议》一卷，《濠堑私议》一卷，《团练私议》一卷，《烟霞草堂文集诗集》凡十卷，行于世。（节《学衡》第十九期陈三立编《刘古愚先生传》）

原载《中华教育界》二十三卷第四期，
一九三五年十月

陕西教育先进杨鹤年先生

君讳鹤年，字松轩，尝自号补拙轩主。乳名从心。君一生热心教育事业，而君之梓里以关西蕞尔邑，其教育遂不后于通都。以民国纪元前四十年，即逊清同治十一年（1872年）壬申生于陕西华县（今渭南市华州区）南乡龙潭堡，君家世居之地也。以民国十七年（1928年）十二月三十日，疾终于手创之华县私立咸林中学校。所谓以教育事业终其身，如君者洵无间然焉。君幼时遭家多难，九岁始入堡塾读书。然性聪颖，又自励，年二十一补学官弟子。次年食廪饩，其制艺为历任提学政所剧赏有闻。当时先后肄业少华、味经两书院，其在味经也，会刘光蕡先生讲学于此，主持革新论，学重实验，不贵

陝西教育先進

楊鶴年先生

近代中國教育人物像傳之一——傳

任敷輯

君諱鶴年，字松軒，晚自號補拙軒主。乳名從心。君一生熱心教育事業，而君之梓里以關西蕞爾邑，其教育建不後于通都。以民國紀元前四十年，即遜清同治十一年壬申生于陝西華縣南鄉龍潭堡，君家世居之地也。以民國十七年十二月三十日，疾終于手創之華縣私立咸林中學校。所謂以教育事業終其身，如君者洵無間然焉。君幼時遭家多難，九歲始入堡塾讀書。然性聰穎，又自勵，年二十一補學官弟子。次年食廩餼，其制藝為歷任提學政所激賞有聞。當時先後肄業少華味經兩書院，其在味經也，會劉光蕡先生，講學於此，主持革新論，學重實驗，不貴空談，行為尚實踐，不務虛聲，君終身得力之處，蓋植基於此焉。爾時即與諸同志組織友仁學會，又成立集義書社。書社之組織頗類今之書報合作社，兼具圖書館性質，又創辦天足會，此君從事社會事業之發軔也。嘗佐其父創設蒙養學堂於龍潭堡，當時風氣未開，鄉人多指為『洋學堂』，橫加非難。君識卓志堅，時以『阻力即助力』自勉。已而登集合諸友好，發起團體興學之事，成立華州教育研究會，附設兩等小學堂，君當選為教育研究會正會長，兼主持學要務。知華州事諸君，知君賢，敦請兼任州立學堂堂長，於是余提學使視察學務，有陝西特色之褒詞。時清庭於科舉之制，猶將廢未廢，。歲己酉，君舉恩貢，然殊不重視之，仍汲汲焉以興學為職志。辛亥武昌建義，天下響應，先是改革之際，地方不逞之徒，輒乘機為亂，君銳志興學，久為頑固者所不滿。無知者嫉視學校，尤欲逞志於生君，故當時有『起手不起手，先洗潭峪口，殺完不殺完，先殺楊鶴年』之謠。君力持鎮靜，初不欲令學生散歸，嗣以人心凶懼，勉徇眾請，聽諸歸而獨身留校中。十月二十六日知華州事，楊君宜瀚邀君任州署，示效死守城意，以家小託君，並以所僅存之廉俸銀四百兩授之君，俾為其家善後費及埋身後事。君既受託，以銀存邑中恐危險，乃於次日回家為之安頓，而是夜州中即變，州署被，學校亦被搶掠一空。嚮使君是夜仍留校，必無幸矣。君於是著有華州變亂始末記。民肇與，舊制丕變，地方當道，非借助於本邑正紳，不能集事者，君嘗受委為財政紳。時軍興之後，事事棘手，困難萬狀，君任勞任怨，卒使之靡不就範。元年共和告成，天下粗定，謀及學事，有議以私立兩等小學與邑校合併者，君力排其說，遂專辦高等。未幾，省軍政府致君任教育司次長，力辭不獲，勉強赴任。居無何，卒因省政龐雜，且不慣官僚生活，月餘即辭職，仍回邑專辦學校，二年當選為省議會議員，會期屆滿，復回校擘畫一切。四年附設師範講習科於高等校。五年籌設私立咸林中學校，苦志經營，鍥而不舍，至八年四月卒底於成。厥後維持改進，監督資財，任重貴專，仔肩艱鉅，直至畢命其中而後已。嗚呼難矣！君才長應變，逆來順受，每遇至不幸之事，除人力所不可挽回者，其餘若饑饉變故，匪騷蹂破壞，不久即恢復如初焉。於家庭然，於學校然，於社會事業亦靡不然。觀其辦賑務，救水災，以及各公益慈善機關，君一至則事成法立，莫不仰賴焉，其才可知矣。（節父執元培輯楊松軒君家傳）

陕西教育先进杨鹤年先生

空谈，行为尚实践，不务虚声，君终身得力之处，盖植基于此焉。尔时即与诸同志组织友仁学会，又成立集义书社。书社之组织颇类今之书报合作社，兼具图书馆性质，又创办天足会，此君从事社会事业之发轫也。尝佐其父创设蒙养学堂于龙潭堡，当时风气未开，乡人多称为“洋学堂”，横加非难。君识卓志坚，时以“阻力即助力”自勉。已而益集合诸友好，发起团体兴学之举，成立华州教育研究会，附设两等小学堂，君当选为教育研究会正会长，兼主持学堂要务。知华州事褚君，知君贤，敦请兼任州立学堂堂长，于是余提学使视察学务，有陕西特色之褒词。时清廷于科举之制，犹将废未废也。岁己酉（1909年），君举恩贡，然殊不重视之，仍汲汲焉以兴学为职志。辛亥（1911年）武昌建义，天下响应，改革之际，地方不逞之徒，辄乘机为乱。先是君锐志兴学，久为顽固者所不满。无知者嫉视学校，尤欲逞志于生君，故当时有“起手不起手，先洗潭峪口，杀完不杀完，先杀杨鹤年”之谣。君力持镇静，初不欲令学生散归，嗣以人心凶惧，勉徇众请，听诸归而独身留校中。十月二十六日知华州事，杨君宜瀚速君往州署，示效死守城意，以家小托君，并以所仅存之廉俸银四百两授之君，俾为其家善后费及渠身后事。君既受托，以银存邑中恐危险，乃于次日回家为之安顿。而是夜州中即变，州署被焚，学校亦被抢掠一空。向使君是夜仍留校，殆必无幸矣。君于是著有《华州变乱始末记》。民国肇兴，旧制丕变，地方当道，非借助于本邑正绅，不能集事者，君尝受委为财政绅。时军兴之后，事事棘手，困难万状，君任劳任怨，卒使之靡不就范。元年（1912年）共和告成，天下初定，谋及学事，有议以私立两等小学与邑校合并者，君力排其说，遂专办高等。未几省军政府，罗致君任教育司次长，力辞不获，勉强赴任。居无何，卒因省政庞杂，且不惯官僚生活，月余即辞职，仍回邑专办学校，二年当选为省议会议员，会期届满，复回校擘画一切。四年附设师范讲习科于高等校。五年筹设私立咸林中学校，苦志经营，锲而不舍，至八年四月卒底于成。厥后维持改进，监督资财，任重责专，仔肩难卸，直至毕命其中而后已。呜呼难矣！君才长应变，逆来顺受，每遇至不幸之事，除人力所不可挽回者，其余若物质建设，虽骤遭破坏，不久即恢复如初焉。于家庭然，于学校然，于社会事业亦靡不然。观其办赈务，救水灾，以及各公益慈善机关，君一至则事成法立，莫不仰赖焉，其才可知矣。（节《父丧记》蔡元培编《杨松轩君家传》）

原载《中华教育界》二十三卷第四期，
一九三五年十月

介绍西洋学术思想，尽力海军教育并任北京大学第一任校长的严复先生

先生名复，号又陵，福建闽侯人也。早慧，词采富逸。师事同里黄宗彝先生。课经之余，常与先生讲述明代东林掌故。沈文肃初创船政，招考学生，储海军将才，试题《大孝终身慕父母论》，先生成文数百言以进，为沈公所赏，用冠其曹。时年方十四也。五年卒业，派上船政局自制之杨武军舰，周历黄海及日本各口岸，舰长为英人德勒塞君（Commander Tracey），英之海军中校也。是时东邻亦正开始筹备海军，杨武初到长崎、横滨等处，聚观者有万人空巷之概。德勒塞在华服务三年归，濒行，谓先生曰："君今日于海军学术已卒业矣。不佞即将西归，彼此相处积年，临别惘然，不能无一言为赠。

介紹西洋學術思想盡力海軍教育並任北京大學第一任校長的

嚴復先生

近代中國教育人物像傳之一——傳任敢輯

先生名復，號又陵，福建閩侯人也。早慧，詞采富逸。師事同里黃宗彝先生。課經之餘，常與先生講述明代東林掌故。沈文肅初創船政，招考學生，儲海軍將才，試題大孝終身慕父母論，先生成文數百言以進，爲沈公所賞，用冠其曹。時年方十四也。五年卒業，派上船政局自製之揚武軍艦，周歷黃海及日本各口岸，艦長爲英人德勒塞君（Commander Tracey），英之海軍中校也。是時東鄰亦正開始籌備海軍，揚武初到長崎橫濱等處，聚觀者有萬人空巷之概。德勒塞在華服務三年歸，瀕行，謂先生曰：『君今日於海軍學術已卒業矣。不佞即將西歸，彼此相處積年，臨別惘然，不能無一言爲贈。蓋學問一事，並不以卒業爲終點，學子雖已入世治事，此後自行求學之日方長，君如不自足自封，則新知無盡。……』先生之所以文章耀於世者，德君與有力焉。 逾四年，先生被派赴英，入格林尼次海軍大學肄業。時適郭侍郎嵩燾爲出使英國大臣，先生課餘常與論述中西學術政制之異同。比學成歸，李文忠偉其能，畀教授水師學堂。先生慨夫朝野玩愒，而日本同學歸者，皆用事圖強，徑翦琉球，則大戚，常語人不三十年藩屬且盡，，我如老牸牛耳。聞者弗省，文忠亦患其激烈而不之近。先生見吾國人事事守舊，鄙夷新知。於學則徒尚詞章，不求真理，每向知交痛陳其害，然以職微言輕，故所言每不見聽，及拳匪亂作，先生避居滬上者七年。先生初以學不見用，於是殫心著述，所譯書以瓌辭達奧理，風行海內，至是人士漸漸傾向西人學說。而先生又以爲自由平等權利諸說，由之未嘗無利，若不限制約束，則流蕩放佚，害至不可勝言，因言曰：『自由者，凡所欲爲，理無不可，此如人獨居世外，其自由界域，豈有限制，爲善爲惡，一切皆自本身起義，誰復禁之！但自入羣而後，我自由，人亦自由，使無限制約束，便入強權世界而相衝突，故曰人得自由必以他人之自由爲界，此則大學絜矩之道，君子所恃以平天下者也。』 先生素抱振興教育爲宗旨，常與孫中山先生言曰：『中國民品之劣，民智之卑，即有改革，害之除於甲者將見於乙；泯於丙者將發之於丁。爲今之計，惟急從教育上着手。』 中山先生善其言。辛亥革命後，先生任京師大學堂總監督，旋京師大學堂改爲國立北京大學，繼任大學第一任校長。時袁氏任總統，繼有稱帝之意，而

嚴復先生條陳教育手蹟

戴袁者，欲資之以稱制，遂竄其名於籌安會中，先生始終不蒞會。袁氏又屢遣人來示意，先生告之曰：『吾固知中國民智卑卑，號爲民主，而專制之政不得不陰行其中。但政體既變，已四年矣。袁公既有其實，何必自居其名，且此時欲復舊制，直同三峽之水，已滔滔流爲荊揚之江，今欲挽之使之在山，爲事實上所不可能。必欲爲之，徒滋糾紛，實非國家之福，不特於袁氏有大不利也。』未數月，又遣人敦請先生以一篇文字表示勸進之意，先生慨然曰：『吾所欲言者，早已盡言之矣。必欲以吾爲重，吾與袁公交，垂三十年，吾亦無所自惜，顧吾生平不能作違心之事，欲吾爲文，吾無從着筆也。』自是以後，閉門謝客，不願與聞外事，辛酉冬以肺疾歿閩寓，遺書後人，內列三事：（一）中國必不亡，舊法可損益，必不可叛。（二）新知無盡，真理無窮，人生一世宜勵業益知。（三）兩害相權，輕己重羣。語至警切，余以姪孫輩，故得知之。先生於學無所不窺，舉中外治術學理，靡不究極原委，抉其得失證明而會通之，六十年來治西學者，無其比也。所譯有天演論，原富，羣學肄言，穆勒名學，法意，羣已權界論，社會通詮等，皆行於世。其他論述雜文不下數萬言，俱未留稿。其爲學一主於誠，事無大小，無所苟且，雖小詩短札，皆精美爲世所貴。螺州陳寶琛稱其文章光氣長垂虹，曩所讀之戰術砲台建台諸學，則反爲文學掩矣。（節補人間世十九期，嚴秋塵：嚴幾道先生——此文原據先生年譜。）

介绍西洋学术思想，尽力海军教育并任北京大学第一任校长的严复先生

盖学问一事，并不以卒业为终点，学子虽已入世治事，此后自行求学之日方长，君如不自足自封，则新知无尽。……”先生之所以文章耀于世者，德君与有力焉。逾四年，先生被派赴英，入格林尼次海军大学[①]肄业。时适郭侍郎嵩焘为出使英国大臣，先生课余常与论述中西学术政制之异同。比学成归，李文忠伟其能，辟教授水师学堂。先生慨夫朝野玩愒，而日本同学归者，皆用事图强，径剪琉球，则大戚，常语人不三十年沈属且尽缳，我如老悖牛耳。闻者弗省，文忠亦患其激烈而不之近。先生见吾国人事事守旧，鄙夷新知。于学则徒尚词章，不求真理，每向知交痛陈其害，然以职微言轻，故所言每不见听，及拳匪乱作，先生避居沪上者七年。先生初以学不见用，于是殚心著述，所译书以瑰辞达奥理，风行海内，至是人士渐渐倾向西人学说。而先生又以为自由、平等、权利诸说，由之未尝无利脱，若不限制约束，则流荡放佚，害至不可胜言，因言曰：“自由者，凡所欲为，理无不可，此如人独居世外，

① 格林尼次海军大学，即“英国皇家海军学院”。——编者注

其自由界域，岂有限制，为善为恶，一切皆自本身起义，谁复禁之！但自入群而后，我自由，人亦自由，使无限制约束，便入强权世界而相冲突，故曰人得自由必以他人之自由为界，此则大学絜矩之道，君子所恃以平天下者也。”先生素抱振兴教育为宗旨，常与孙中山先生言曰：“中国民品之劣，民智之卑，即有改革，害之除于甲者将见于乙，泯于丙者将发之于丁。为今之计，惟急从教育上着手。”中山先生善其言。辛亥革命后，先生任京师大学堂总监督，旋京师大学堂改为国立北京大学，继任大学第一任校长。时袁氏任总统，继有称帝之意，而戴袁者，欲资之以称制，遂窜其名于筹安会中，先生始终不莅会。袁氏又屡遣人来示意，先生告之曰：“吾固知中国民智卑卑，号为民主，而专制之政不得不阴行其中。但政体既变，已四年矣。袁公既有其实，何必自居其名，且此时欲复旧制，直同三峡之水，已滔滔流为荆扬之江，今欲挽之使之在山，为事实上所不可能。必欲为之，徒滋纠纷，实非国家之福，不特于袁氏有大不利也。”未数月，又遣人敦请先生以一篇文字表示劝进之意，先生慨然曰：“吾所欲言者，早已尽言之矣。必欲以吾为重，吾与袁公交，垂三十年，吾亦无所自惜，顾吾生平不能作违心之事，欲吾为文，吾无从著笔也。”自是以后，闭门谢客，不愿与闻外事。辛酉（1921年）冬以肺疾殁闽寓，遗书后人，内列三事：（一）中国必不亡，旧法可损益，必不可叛；（二）新知无尽，真理无穷，人生一世宜励业益知；（三）两害相权，轻己重群。语至警切，余以侄孙辈，故得知之。先生于学无所不窥，举中外治术学理，靡不究极原委，抉其得失证明而会通之，六十年来治西学者，无其比也。所译有《天演论》《原富》《群学肄言》《穆勒名学》《法意》《群己权界论》《社会通诠》等，皆行于世。其他论述杂文不下数万言，俱未留稿。其为学一主于诚，事无大小，无所苟且，虽小诗短札，皆精美为世所贵。螺州陈宝琛称其文章光气长垂虹，曩所读之战术、炮台、建台诸学，则反为文学掩矣。（节补《人间世》十九期，严秋尘编《严几道先生》——此文原据先生年谱）

原载《中华教育界》二十三卷第五期，

一九三五年十一月

奏改诗赋小楷试士，创立时务学堂，力倡新学的陈宝箴先生

陈宝箴，字右铭，江西义宁州（今修水）竹塅里人。年二十一，以附生举辛亥（1851年）恩科乡试。时洪杨军四出及州境，氏联州人战之，义宁团练名一时。旋赴庚申（1860年）会试，落第，留京师三岁，得交其钜人长德，与易佩绅、罗亨奎有三君子之目。易、罗南还将湘军自效，防洪杨军来凤龙山间，氏助之，却石达开十万众。旋游曾国藩幕，继就席宝田江西军，助平洪杨军，累功保知府。久之，复从曾国藩游，曾移督直隶，氏遂入觐，以知府发湖南候补。政绩卓著，声称藉甚，中外大臣交论荐。光绪六年（1880年）七月，奉命授河北道，任河北三载，吏有所惮，奸豪多敛迹。并斥金大起

奏改詩賦小楷試士
鄉立時務學堂
力倡新學的

陳寶箴先生

近代中國教育人物像傳之一
——傳任敢輯

陳寶箴，字右銘，江西義寧州竹塅里人。年二十一，以附生舉辛亥恩科鄉試。時洪楊軍四出及州境，氏聯州人禦之，義寧團練名一時。旋赴庚申會試，落第，留京師三歲，得交其鉅人長德，與易佩紳羅亨奎有三君子之目。易羅南還將湘軍自效，防洪楊軍來鳳龍山間，氏助之，卻石達開十萬衆。旋遊曾國藩幕，繼就席寶田江西軍，助平洪楊軍，累功保知府。久之，復從曾國藩遊，會移督直隸，氏遂入覲，以知府發湖南候補。政績卓著，整飭精甚，中外大臣交論薦。光緒六年七月，奉命授河北道，任河北三載，吏有所擇，奸豪多斂迹。並斥金大起屋，而別營歲費，命曰致用精舍；置羣籍，延通儒，遴取三府秀異，額設學徒都數十，學有規，課有程，冬十彬彬，知古今，習世務焉。河北風趨，爲一變。八年秋，擢浙江按察使，十二年至粵任緝捕局。十六年授湖北按察使，視事三日，改署布政使，逾一年還任。十九年復署布政使。尋以中東搆釁，大興兵防海，京師戒嚴，改授直隸布政使。二十一年擢湖南巡撫，至則大賑旱災，並設礦務局，官錢局，鑄錢局，通電竿，接鄂至湘潭，濬城北河，立保衛局，附遷善所，改設課吏館，草定章程。其他蠶桑局，工商局，水利公司，輪舟公司，以及丈勘沅江漲地數十萬畝，皆已發其端。氏在湘刻意變士習，開民智。組南學會，提倡學術。二十二年因王先謙等呈請，設時務學堂，二十三年招生，延梁啓超任講席。訂學約十條：一曰立志，二曰養志，三曰治身，四曰讀書，五曰窮理，六曰學文，七曰樂羣，八曰攝生，九曰經世，十曰傳教。學額百二十名，年齡自十四歲起，至二十歲止。功課則中學爲四子書，左傳，國策，通鑑，小學，五體通攷，聖武記，湘軍志，各種報及時務諸書；西學以各國語言文字爲主，兼及算學，格致，操演，步武，西史，天文，輿地之粗淺者。時務學堂既立，三湘學風，爲之大變。時科舉未廢，氏與湖廣總督張之洞聯銜奏請酌改詩賦小楷試法，切中時弊，疏上，報聞。此外算學堂，湘報館，武備學堂，亦以次舉設。又選擇赴日本學校生五十名待發。時湖南之治稱天下，而謗議首禍亦始此。二十四年八月康梁難作，會楊銳劉光第均爲氏所保薦，坐濫保匪人罪，遂斥廢。於是氏所立法，次第廢罷，時務學堂及所著學約界說，劄記答問等書亦被毀。二十六年六月廿六日以微疾卒，時年七十矣。所著有奏議若干卷，批牘若干卷，書牘若干卷，文集若干卷，詩集若干卷，待刊行世。讀易小記未成書，日記若干冊，藏於家。（據陳氏家藏行狀，酌參他文。）

屋，而别营岁费，命曰“致用精舍”；置群籍，延通儒，遴取三府秀异，额设学徒都数十，学有规，课有程，多士彬彬，知古今，习世务焉。河北风趋为一变。八年秋，擢浙江按察使，十二年至粤任缉捕局。十六年授湖北按察使，视事三日，改署布政使，逾一年还任。十九年复署布政使。寻以中东构衅，大兴兵防海，京师戒严，改授直隶布政使。二十一年擢湖南巡抚，至则大赈旱灾，并设矿务局、官钱局、铸钱局，通电杆，接鄂至湘潭，浚城北河，立保卫局，附迁善所，改设课吏馆，草定章程。其他蚕桑局、工商局、水利公司、轮舟公司，以及丈勘沅江涨地数十万亩，皆已发其端。氏在湘刻意变士习，开民智，组南学会，提倡学术。二十二年因王先谦等呈请，设时务学堂，二十三年招生，延梁启超任讲席。订《学约》十条：一曰立志，二曰养志，三曰治身，四曰读书，五曰穷理，六曰学文，七曰乐群，八曰摄生，九曰经世，十曰传教。学额百二十名，年龄自十四岁起，至二十岁止。功课则中学为《四子书》《左传》《国策》《通鉴》《小学》《五体通考》《圣武记》《湘军志》，各种报及时务诸书；西学以各国语言文字为主，兼及算学、格致、操演、步武、西史、天文、舆地之粗浅者。时务学堂既立，三湘学风，为之大变。时科举未废，氏与湖广总督张之洞联衔奏请酌改诗赋、小楷试法，切中时弊，疏上，报闻。此外算学堂、湘报馆、武备学堂，亦以次毕设。又选择赴日本学校生五十名待发。时湖南之治称天下，而谣诼首祸亦始此。二十四年八月康、梁难作，会杨锐、刘光第均为氏所保荐，坐滥保匪人罪，遂斥废。于是氏所立法，次第寝罢，时务学堂及所著《学约》《界说》《札记》《答问》等书亦被毁。二十六年六月廿六日以微疾卒，时年七十矣。所著有奏议若干卷、批牍若干卷、书牍若干卷、文集若干卷、诗集若干卷，待刊行世。读易小记未成书，日记若干册，藏于家。（据陈氏家藏行状，酌参他文）

原载《中华教育界》二十三卷第五期，

一九三五年十一月

力役起家，创办澄衷中学的叶成忠先生

君讳成忠，以字行，瑞安黄体芳更字之曰“澄衷”；浙之镇海（今属浙江宁波）沈郎桥人。世为农家。生六岁，父殁，母守节抚孤。君九岁出就外傅，然未逾年，卒以贫故辍学，归从母兄耕。年十一，杂作于邻近油坊，终岁计值，靳钱一缗，薪一束；久之，主者妇加以窘辱，怒而归；归又无以自立。邑人倪某，怜君才，挈以至上海，佣于某杂货肆。居三年，察肆主颓败不治事，自求去。肆主亦知君之贤，则靳其行李以羁之，君弃不顾。乃日擢扁舟往来黄浦江中，与番舶市。是时粤寇方张，江淮间骚然无宁宇，尝一犯上海，不得志，不敢复窥，以是海外市舶，争碇于此，蕃盛倾东南。君既与西人

力役起家創辦澄衷中學的

葉成忠先生

近代中國教育人物像傳之一 —傳 任敦卿

君諱成忠，以字行，瑞安黃體芳更字之曰澄衷；浙之鎮海沈郎橋人。世為農家。生六歲，父歿，母守節撫孤。君九歲出就外傅，然未踰年，卒以貧故輟學，歸從母兄耕。年十一，雜作於鄰近油坊，終歲計值，斬錢一緡，薪一束；久之，主者婦加以窘辱，怒而辭；歸又無以自立。邑人倪某，憐君才，挈以至上海，傭於某雜貨肆。居三年，肆主頗欺不治事，自求去。肆主亦知君之賢，則斬其行李以羈之，君棄不顧。乃日擺扁舟往來黃浦江中，與番舶市。是時粵寇方張，江淮間驛然無寧宇，嘗一犯上海，不得志，不敢復窺，以是海外市舶，麇集於此，番舶傾東南。君既與西人習，漸通其語言，又自樂與時變，默揣中外財計，物產盛衰息耗之故，久之，得其肯綮，慨然有振撓商務之志。西人亦推重其開敏誠信，咸樂就與爲市，高掌遠蹠，億則屢中，不數年，大昌其業。君晚年又集貲置繅絲火柴各廠於上海漢口，由是聞者風起，諸工藝益興。君既以著治生起家，致富，而內行修篤，事母以孝聞，母疾，刲股肉和藥以進。既創建宗祠，纂族譜，又置祠田四百畝，以供祭祀；別捐三萬金，置義莊，名之曰忠孝堂。附設義塾牛痘局於其中，以教育族姓。其他善舉，在本府縣者，如興書院，濬河渠，恤嫠，育嬰，治梁，修道。在上海則襄理樂義會，廣益堂，衣米藥棺等施，歲常以萬計。山西，河南，山東，直隸，及江蘇之淮安徐州，浙江之新昌嵊縣，先後告災，君率視其災之重輕而振。光緒十四年奉天大饑，君與同志，在滬集資，浮海往振，首出巨金爲倡。君由國子監生以貲得花翎，候選同知，游升道員，卒於光緒二十五年十月，年六十。君性仁明，善體物情。其意以爲必先使人自贍，而後能盡其力，以是人樂爲用，且謂葉公能知我也。既列肆通商各埠，諸執事倚君衣食者衆，身後孤嫠，廬有無告，則捐二萬金，建懷德堂，歲時存其家屬。又以民智未濬，由於讀書識字者少，卒之歲數月，力疾與其戚友樂族祖劉等書，其略曰：澄衷少孤貧，自傷失學。每思人才積有扶植，久欲在滬虹口建立學堂，延聘各師，專授吾國聖賢經傳，作人根本，俾孤寒子弟得就學焉。事且經始，而末疾侵尋，有志未就，處先朝露。今捐田一區，在張家灣者凡二十五畝有奇，并銀十萬兩，交懷德堂董事諸君子，代籌學舍，商訂章程，務臻妥備，克垂久遠。庶幾緊責得所歸宿，大期可以成才，小亦足自謀業。區區下懷，不勝企盼。伏念諸君子相交有素，必能曲體微忱，俾結區誌，勉衰是舉。工成之日，即命名澄衷學堂，以表鄙人自勉勉人之意。先是君爲諸子析產，貽銓以大宗嫡長，別受分十萬金，及君歿，悉舉而輸之學堂。貽銓字松卿，後君二年卒。（節錄寄撰，鎮海葉君傳。）

习，渐通其语言，又自乐观时变，默揣中外财计、物产盛衰息耗之故，久之，得其肯綮，慨然有振揽商务之志。西人亦雅重其开敏诚信，咸乐就与为市，高掌远跖，亿则屡中，不数年，大昌其业。君晚年又集资置缫丝、火柴各厂于上海、汉口，由是闻者风起，诸工艺益兴。君既以善治生起家、致富，而内行修笃，事母以孝闻，母疾，亟封股肉和药以进。既轫建宗祠，纂族谱，又置祠田四百亩，以供祭祀；别捐三万金，置义庄，名之曰“忠孝堂”。附设义塾、牛痘局于其中，以教育族姓。其他善举，在本府县者，如兴书院，浚河渠，恤嫠，育婴，治梁，修道。在上海则襄建崇义会、广益堂、衣米药槥等施，岁常以万计。山西、河南、山东、直隶，及江苏之淮安、徐州，浙江之新昌、嵊县（今绍兴嵊州），先后告灾，君率视其灾之重轻助振。光绪十四年（1888年）奉天（今辽宁省）大饥，君与同志，在沪集资，浮海往振，首出巨金为倡。君由国子监生以资得花翎，候选同知，洊升道员，卒于光绪二十五年十月，年六十。君性仁明，善体物情。其意以为必先使人自饶，而后能尽其力，以是人乐为用，且谓叶公能知我也。既列肆通商各埠，诸执事倚君衣食者多，身后孤嫠，虑有无告，则捐二万金，建怀德堂，岁时存其家属。又以民智未瀹，由于读书识字者少，卒之前数月，力疾与其戚友樊棻、陈祖烈等书，其略曰："澄衷少孤贫，自愧失学。每思人才赖有扶植，久欲在沪虹口建立学堂，延聘各师，专授吾国圣贤经传，做人根本，俾孤寒子弟得就学焉。事且经始，而末疾侵寻，有志未就，虑先朝露。今捐田一区，在张家湾者凡二十五亩有奇，并银十万两，交怀德堂董事诸君子，代筑学舍，商订章程，务臻妥备，克垂久远。庶几蒙养得所师资，大则可以成才，小亦足自谋业。区区下怀，不胜企盼。伏念诸君子相交有素，必能曲体微忱，慎始图终，勉襄是举。工成之日，即命名'澄衷学堂'，以表鄙人自勉勉人之意。"先是君为诸子析产，贻鉴以大宗嫡长，别受分十万金，及君殁，悉举而输之学堂。贻鉴字松卿，后君二年卒。（节屠寄撰《镇海叶君传》）

原载《中华教育界》二十三卷第六期，

一九三五年十二月

力役起家，倾产兴学并创办浦东中学的杨斯盛先生

杨斯盛字锦春，江苏川沙（今属上海浦东新区）人。幼孤，业圬于沪上。光绪中叶，江海关建新屋，税务司悬最新之西式，招华人构筑，群匠愕视；独斯盛毅然应之。巍峨巩固，大为西人叹赏，业遂日盛。家本寒素，曾祖父三代皆浅厝未葬，至是始购地营窀穸。躬运甓负土，务极诚敬。复葬亲族贫无后者二十七。旋建祠墓旁，置祠田四百五十亩，岁收租息，尽以赒恤族里。弟斯茂，生而喑哑，斯盛为之营室娶妻，先后给田一百亩，使终其身得温饱。常以识字无多，欲培植贫寒子弟，以弥生平之恨。先建义塾于祠中，又捐银六百元，在川沙城内置产以充义塾常年经费。光绪二十八年（1902年），

楊斯盛先生

力役起家　傾產興學　並捐辦浦東中學的

近代中國教育人物像傳之一——傳任啟　解

楊斯盛字錦春，江蘇川沙人。幼孤，業圬於滬上。光緒中葉，江海關建新屋，稅務司懸最新之西式，招華人構築，群匠愕視；獨斯盛毅然應之。巍峨鞏固，大爲西人嘆賞，業遂日盛。家本寒素，曾祖父三代皆淺厝未葬，至是始購地營窀穸。躬運甓負土，務極誠敬。復葬親族貧無後者二十七。旋建祠墓旁，置祠田四百五十畝，歲收租息，盡以賙恤族里。弟斯茂，生而瘖啞，斯盛爲之營室娶妻，先後給田一百畝，使終其身得溫飽。常以識字無多，欲培植貧寒子弟，以彌生平之憾。先建義塾於祠中，又捐銀六百元，在川沙城內置產以充義塾常年經費。光緒二十八年，川沙建兩等小學，捐銀三百元充開辦費。三十年八月上海公共租界黃盤路新屋落成，即設廣明小學於內，生徒濟濟，收效頗速。慨然舍金十餘萬，議建校舍於浦東。以初等小學之未足也，議增中學，以初等教員之缺乏也，議設一年畢業之師範簡易科。三十一年，購校地於六里橋南，延邑人李鐘鈺，秦錫田，南匯顧次英，川沙黃炎培陸家驥張志鶴王乃釗爲校董。三十二年，始築六里橋校舍，四月，江蘇學政來滬視學，獎給匾額，並奏請獎勵。部咨飭縣查取銜名，謝不復。三十三年『浦東』校舍落成，正月，行開校式，特懸『勤樸』二字爲校訓。三十四年四月訂中學總章程及校董會規則，戒後世子孫不得干涉校務！增延邑人姚文楠王文孝華亭陳容爲校董，增中學基金額十二萬兩，蓋先後捐產興學者達三十餘萬金。性嗜義，知無不爲，三十一年秋，海濱潮暴漲，居民溺死甚衆，議修海塘，以工代賑，慨捐銀三千圓，又募同業捐，得三萬圓，悉以付經董而不居其名。時江浙將借外債築路，有志之士，羣起力爭，斯盛獨慨然斥萬金購路股，並徧勸同業，聚得數萬股。又革命志士鄒容被難，暴骨無敢加覗，劉三斯盛出貲助葬，尤爲人所難云。晚養痾六里橋畔，對於浦東公益，尤具熱心，築石路自南碼頭迄艾家墳，長二百八十餘丈，浦東鄉民貪得重利，爭以地售與洋商，沿浦洋棧林立，漸入內地，紳董議築路以限制之，設路政局抽暖捐以充費，輿情洶然，鄉民聚衆數千人，毀局所，波及紳董屋，官督兵彈壓，民毀官輿，且與兵抗；斯盛年耋，力登高阜，喻衆使散，衆曰：楊公出處事，得安矣。乃創議罷暖捐，自築洋涇至陸家渡路，以示大信。計路長十餘里，費近萬金，斯盛募自同業，不取鄉民一文。嚴家橋垂圮，謀新之，而自任經費，銀六千圓，橋身純築德門德土，而以鋼鐵爲骨幹。日往公所，指揮羣匠無稍倦，未一月，積勞，病故。羣匠奉承遺法，不半載告成，爲中國最早發明之橋梁新建築。平居好排人難紛，有急亂，公至，無不立解。爲人質樸沉摯，貌如鄉愿。浦東中學建校舍時，公日夕徘徊其旁，指劃羣匠，引爲至樂。蓋其天性好義任俠，視社會若己身有如是者！宣統二年，江蘇巡撫程德全，以『傾產興學』專摺請獎，三年，賜額建使銜，國史館立傳。上海浦東中學校園有楊斯盛銅像。（原稿藏上海浦東中學）

川沙建两等小学，捐银三百元充开办费。三十年八月上海公共租界蔓盘路新屋落成，即设广明小学于内，生徒济济，收效颇速。慨然舍金十余万，议建校舍于浦东。以初等小学之未足也，议增中学；以初等教员之缺乏也，议设一年毕业之师范简易科。三十一年，购校地于六里桥南，延邑人李钟钰、秦锡田，南汇（今属上海浦东新区）顾次英，川沙黄炎培、陆家骥、张志鹤、孟乃钊为校董。三十二年，始筑六里桥校舍，四月，江苏学政来沪视学，奖给匾额，并奏请奖励。部咨饬县查取衔名，谢不复。三十三年"浦东"校舍落成，正月，行开校式，特悬"勤朴"二字为校训。三十四年四月订《中学总章程》及《校董会规则》，戒后世子孙不得干涉校务！增延邑人姚文枬、王文孝，华亭（今上海松江区）陈容为校董，增中学基金额十二万两，盖先后捐产兴学者达三十余万金。性嗜义，知无不为，三十一年秋，海滨潮暴涨，居民溺死甚众，议修海塘，以工代赈，慨捐银三千元，又募同业捐，得三万元，悉以付经董而不居其名。时江浙将借外债筑路，有志之士，群起力争，斯盛独嘿然斥万金购路股，并遍劝同业，骤得数万股。又革命志士邹容被难，暴骨无敢加睨，刘三、斯盛出资助葬，尤为人所难云。晚养疴六里桥畔，对于浦东公益，尤具热心，筑石路自南码头迄艾家坟，长二百八十余丈。浦东乡民贪得重利，争以地售与洋商，沿浦洋栈林立，渐入内地，绅董议筑路以限制之，设路政局抽渡捐以充费，舆情怫然，乡民聚众数千人，毁局所，波及绅董屋，官督兵弹压，民毁官舆，且与兵抗；斯盛年迈，力登高阜，喻众使散，众曰："杨公出处事，得安矣。"乃创议罢渡损，自筑洋泾至陆家渡路，以示大信。计路长十余里，费近万金，斯盛募自同业，不取乡民一文。严家桥垂圮，谋新之，而自任经费，银六千元，桥身纯筑德门德土，而以钢铁为骨干。日往公所，指挥群匠无稍倦，未一月，稍劳，病故。群匠奉承遗法，不半载告成，为中国最早发明之桥梁新建筑。平居好排人难纷，有急乱，公至，无不立解。为人质朴纯挚，貌如乡愚。浦东中学建校舍时，公日夕徘徊其旁，指划群匠，引为至乐。盖其天性好义任侠，视社会为己身有如是者！宣统二年（1910 年），江苏巡抚程德全，以“倾产兴学”专折请奖，三年，赠盐运使衔，国史馆立传。上海浦东中学校园有杨斯盛铜像。（原稿藏上海浦东中学）

原载《中华教育界》二十三卷第六期，
一九三五年十二月

讲学变法，倡兴新学的康有为先生

康有为，字广夏，号长素，名祖诒，广东南海人，清咸丰八年（1858 年）生，民国十六年（1927 年）卒。壮从朱次琦游。朱学以经世致用为主，有为既受其启示，又潜心佛典，益喜探求万事万物之本源，深有所悟，慨然有澄清天下之志。出游香港、上海，心折西人自治之精神，乃悉购当时所译西籍而读之。后周游数省，以所见证所学，以为欲改良中国，必自教育始，乃归而讲学于长兴里万木草堂。以孔学、佛学、宋明学为体，以史学、西学为用；所设课如音乐及兵式体操，皆属创举。其为教也，德育最重，智育次之，体育亦颇注意。学舍组织，自为总教授、总监督，立学生三或六人为学长，

講學變法倡興新學的

康有爲先生

近代中國教育人物像傳之一 —傳 任敢輯

康有爲，字廣夏，號長素，名祖詒，廣東南海人，清咸豐八年生，民國十六年卒。壯從朱次琦遊。朱學以經世致用爲主，有爲既受其啓示，又潛心佛典，益喜探求萬事萬物之本源，深有所悟，慨然有澄清天下之志。出遊香港上海，心折西人自治之精神，乃悉購當時所譯西籍而讀之。後週遊數省，以所見證所學，以爲欲改良中國，必自教育始，乃歸而講學於長興里萬木草堂。以孔學佛學宋明學爲體，以史學西學爲用；所設課如音樂及兵式體操，皆屬創舉。其爲教也，德育最重，智育次之，體育亦頗注意。學舍組織，自爲總教授，總監督，立學生三或六人爲學長，另委一生專司藏書儀器。凡學生人置一劄記簿，各日各自記其內學，外學，及讀書所心得，時事所見及，以自課。實今日學校之雛形也。後數年，有爲著大同書，謂理想之世界，自六歲至十二歲，無論何人，皆當一律受教育。光緒十五年，進京上書，書格不達，悄然歸鄉，講學草堂。次年，陳千秋，梁啓超等從之遊，新學僞經考，孔子改制考，皆用今文家說，指斥劉歆僞造古書。謂孔子以素王而改制。著公理通，大同書，擴充禮運大同主義，其主張較西人所倡社會主義，共產主義，尤爲徹底。甲午中日之戰，有爲倡強學會於京師，旋即被禁，而學會之風自是遍天下。又聯合各省舉人在京候試者千餘人，上書清帝，重申變法之議。後四年間，書凡七上，皆不獲達。然卒爲清帝所知，召對稱善，特拔在總理各國事務衙門行走。旋督辦上海官報。在任三月餘，力贊大政，如書院改爲學堂，兵操改用洋式，科舉改試策論，設譯書局，礦務局，鐵路局，農工商局，舉辦各種路政，裁撤閒散機關，准兵官民直接上書，一切皆破崖岸而爲之。迄光緒被幽，有爲亡命南洋，組保皇黨。庚子拳亂，黨徒乘機起事，事洩遂敗。民國六年，擁溥儀復辟，敗竄租界，憂狂以終。當其流亡海外也，所至興學辦報，華僑教育多賴以興起云。（節補姚名達康有爲傳略。）

讲学变法，倡兴新学的康有为先生

另委一生专司藏书仪器。凡学生人置一札记簿，各日各自记其内学、外学，及读书所心得，时事所见及，以自课。实今日学校之雏形也。后数年，有为著《大同书》，谓理想之世界，自六岁至十二岁，无论何人，皆当一律受教育。光绪十五年（1889年），进京上书，书格不达，悄然归乡，讲学草堂。次年，陈千秋、梁启超等从之游，《新学伪经考》《孔子改制考》，皆用今文家说，指斥刘歆伪造古书。谓孔子以素王而改制。著《公理通》《大同书》，扩充《礼运》大同主义，其主张较西人所倡社会主义、共产主义，尤为彻底。甲午中日之战，有为倡强学会于京师，虽旋即被禁，而学会之风自是遍天下。又联合各省举人在京候试者千余人，上书清帝，重申变法之议。后四年间，书凡七上，皆不获达。然卒为清帝所知，召对称善，特拔在总理各国事务衙门行走。旋督办《上海官报》。在任三月余，力赞大政，如书院改为学堂，兵操改用洋式，科举改试策论，设译书局、矿务局、铁路局、农工商局，举办各种路政，裁撤闲散机关，准兵官民直接上书，一切皆破崖岸而为之。迄光绪被幽，有为亡命南洋，组保皇党。庚子拳乱，党徒乘机起事，事泄遂败。民国六年（1917年），拥溥仪复辟，败窜租界，忧狂以终。当其流亡海外也，所至兴学办报，华侨教育多赖以兴起云。（节补姚名达编《康有为传略》）

原载《中华教育界》二十三卷第七期，

一九三六年一月

创办南洋、北洋两大学的盛宣怀先生

盛宣怀，字杏荪，又字幼勖，别号愚斋，晚自号止叟。江苏武进（今常州）人。清道光二十四年（1844 年）九月生，民国五年（1916 年）卒。弱冠补县学生，屡试秋闱不第；参李鸿章幕，受特达之知，累功由议叙主事洊保至道员。宣怀以路矿、电线、航船诸大端为立国之要，与鸿章意合，于是清廷以鸿章言，次第任宣怀以四者，而电报局、招商局、萍乡煤矿、京汉铁路，亦遂皆由宣怀创其始。累官至邮传部尚书。宣怀尝建议于清廷，谓中国欲图自强，必先储才，筹设学堂，实为急务。然当时科举未废，全国上下，未有注意及此者。宣怀乃毅然自任之。先是，津海关道周馥，曾在天津创设博

盛宣懷先生

創辦南北洋兩大學的

近代中國教育人物像傳之一 ——任敢輯

盛宣懷，字杏蓀，又字幼勗，別號愚齋，晚自號止叟。江蘇武進人。清道光二十四年九月生，民國五年卒。弱冠補縣學生，屢試秋闈不第；參李鴻章幕，受特達之知，累功由議敘主事洊保至道員。宣懷以路礦，電綫，航船諸大端爲立國之要，與鴻章意合，於是清廷以鴻章言，次第任宣懷以四者，而電報局，招商局，萍鄉煤礦，京漢鐵路，亦遂皆由宣懷創其始。累官至郵傳部尚書。宣懷嘗建議於清廷，謂中國欲圖自強，必先儲才，籌設學堂，實爲急務。然當時科舉未廢，全國上下，未有注意及此者。宣懷乃毅然自任之。先是，津海關道周馥，曾在天津創設博文書院，校舍已建，因稅務司意見不合，籌款維艱，以致中輟。迄宣懷任津海道，乃就博文書院所有房屋，設頭等學堂及二等學堂，招收學生，以次遞升。聘美國人丁家立爲總教習，倡捐巨款，籌劃經常費，奏請立案。此即今之北洋大學也。嗣後宣懷條陳大計，有設立達成館，以造就高深人才一條，清廷未實行。戊戌四月，宣懷奏陳，籌集商捐，在上海開辦南洋公學，申明將原擬捐建達成館之款，撥充公學經費，又於公學內，附設譯書院，並請免諸生歲科兩試。公學分中院，上院，及師範班；師範生招收年長之秀才或舉人。此即今之交通大學也。宣懷興學育才，影響蓋至遠也。（據蔣維喬：盛宣懷傳略；陳三立：盛公墓誌銘；及陳夔龍：盛公神道碑。）

创办南洋、北洋两大学的盛宣怀先生

文书院，校舍已建，因税务司意见不合，筹款维艰，以致中辍。迄宣怀任津海道[①]，乃就博文书院所有房屋[②]，设头等学堂及二等学堂，招收学生，以次递升。聘美国人丁家立为总教习，倡捐巨款，筹划经常费，奏请立案。此即今之北洋大学也。嗣后宣怀条陈大计，有设立达成馆，以造就高深人才一条，清廷未实行。戊戌（1898年）四月，宣怀奏陈，筹集商捐，在上海开办南洋公学，申明将原拟捐建达成馆之款，拨充公学经费。又于公学内，附设译书院，并请免诸生岁科两试。公学分中院、上院及师范班；师范生招收年长之秀才或举人。此即今之交通大学也。宣怀兴学育才，影响盖至远也。（据蒋维乔编《盛宣怀传略》、陈三立《盛公墓志铭》及陈夔龙《盛公神道碑》）

原载《中华教育界》二十三卷第六期，
一九三六年一月

① 据蒋维乔所编《盛宣怀传略》及上文，此处的“津海道”应更正为“津海关道”。——编者注

② 据蒋维乔所编《盛宣怀传略》，此处的“所有房屋”应更正为“原有房屋”。——编者注

创办体用学堂，开广西新学之端的唐景崧先生

唐景崧，字薇卿，广西灌阳人。清进士，以翰林改主事，郁郁郎署二十年。法越事起，请缨出关。嗣与刘永福为犄角，大败法军于宣光。累官至台湾布政使，署巡抚。中日战后，台湾割与日，台民推为总统，宣告独立，与日兵力战。后以格于《中日和约》，解职；归隐桂林，办体用学堂，开广西新学之始。其著述有《请缨日记》《诗畸》《谜拾》《居闲吟馆诗存》等。（据《古今广西旅桂人名鉴》）

原载《中华教育界》二十三卷第七期，

一九三六年一月

創辦體用學堂開廣西新學之端的

唐景崧先生

近代中國教育人物像傳之一｜傳任敢輯

唐景崧，字薇卿，廣西灌陽人。清進士，以翰林改主事，鬱鬱郎署，二十年。法越事起，請纓出關。嗣與劉永福爲犄角，大敗法軍於宣光。累官至台灣布政使，署巡撫。中日戰後，台灣割與日，台民推爲總統，宣告獨立，與日兵力戰。後以格於中日和約，解職；歸隱桂林，辦體用學堂，開廣西新學之始。其著述有請纓日記，詩畸，謎拾，居聞吟館詩存等。（據古今廣西旅桂人名鑑）

广西教育先进唐景崇先生

唐景崇，字春卿，广西灌阳人，台湾总统唐景崧弟也。父懋功，举人，有学行。景崇同治十年（1871 年）成进士，授编修，由侍读四迁至内阁学士。光绪二十年（1894 年）典试广东，明年主会试，历兵部、礼部侍郎。权左都御史，出督浙江学政。二十九年以工部侍郎典试浙江，督江苏学政。三十一年，诏罢科，岁试，学政专司考校学务。明年罢学政，还京供职，疏陈立宪大要四项。寻议迁省事，调吏部侍郎，充经筵讲官。科举罢，廷试游学毕业生，倚景崇校阅。宣统元年（1909 年），戴鸿慈卒，遗疏荐景崇才堪大用，二年擢学部尚书，明年改政务大臣。时学说纷歧，景崇力谋沟通新旧，

廣西教育先進

唐景崇先生

近代中國教育人物像傳之一 —傳任敢輯

唐景崇，字春卿，廣西灌陽人，台灣總統唐景崧弟也。父懋功，舉人，有學行。景崇同治十年成進士，授編修，由侍讀四遷至內閣學士。光緒二十年典試廣東，明年主會試，歷兵部禮部侍郎。權左都御史，出督浙江學政。二十九年以工部侍郎典試浙江；督江蘇學。三十一年，詔罷科，歲試，學政專司考校學務。明年罷學政，還京供職，疏陳立憲大要四項。尋議還省事，調吏部侍郎，充經筵講官。科舉罷，廷試游學畢業生，倚景崇校閱。宣統元年，戴鴻慈卒，遺疏薦景崇才堪大用，二年擢學部尚書，明年改政務大臣。時學說紛歧，景崇力謀溝通新舊，慎選教科書，於改訂小學課程，頒佈議學課本，檢定兩等小學教員，及優待教員等項章程，與有力焉。入民國，聘任清史館總纂，未就而終。所著有唐書註，經筵掌故講義稿，經筵西史講義稿。

（據金桂蓀：唐景崇先生傳略及古今廣西旅桂人名鑑。）

慎选教科书，于改订小学课程、颁布识学课本、检定两等小学教员，及优待教员等项章程，与有力焉。入民国，聘任清史馆总纂，未就而终。所著有《唐书注》《经筵掌故讲义稿》《经筵西史讲义稿》。（据金桂荪编《唐景崇先生传略》及《古今广西旅桂人名鉴》）

原载《中华教育界》二十三卷第七期，
一九三六年一月

采纳容闳建议选派学生留美的曾国藩先生

曾国藩，初名子城，字涤生，湖南湘乡人。道光十八年（1838 年）登进士；二十三年以检讨典试四川，再转侍读；累迁内阁学士、礼部侍郎，署兵部。同治六年（1867 年），内乱敉平，以武功，授武英殿大学士，调直隶总督。时清廷积弱，议购置机轮船械；有容闳者，请于江南制造局内附设兵工学校，国藩意善之，而未果也。九年，天津民击杀法领事，诏国藩办理洋务，平反之，而朝议不谓然。会两江总督缺出，调江南。十年，与直隶总督李鸿章会奏："选聪颖子弟赴美习艺，并酌议章程"疏。十一年正月二十二日，军机大臣奉旨："该衙门议奏"抄发覆议；国藩仍与李鸿章会上"覆议选派委

採納容閎建議選派學生留美的

曾國藩先生

近代中國教育人物像傳之一——傳任敢輯

曾國藩，初名子城，字滌生，湖南湘鄉人。道光十八年登進士；二十三年以檢討典試四川，再轉侍讀；累遷內閣學士，禮部侍郎，署兵部。同治六年，內亂敉平，以武功，授武英殿大學士，調直隸總督。時清廷積弱，議購置機輪船械；有容閎者，請於江南製造局內附設兵工學校，國藩意善之，而未果也。九年，天津民變殺法領事，詔國藩辦理洋務，平反之，而朝議不謂然。會兩江總督缺出，調江南。十年，與直隸總督李鴻章會奏；『選聰穎子弟赴美習藝，並酌議章程』疏。十一年正月二十二日，軍機大臣奉旨：『該衙門議奏』抄發覆議；國藩仍與李鴻章會上『覆議選派委員攜帶學生出洋肄業兼陳應辦事宜』摺。奉旨：『依議。』十三年派陳蘭彬，容閎為留學事務所監督。挑選學生，並在上海設預備學堂。是年冬，國藩歿於任所；年六十二；植其因而未見其果，惜哉！（節錄金桂孫：曾國藩傳略）

采纳容闳建议选派学生留美的曾国藩先生

员携带学生出洋肆业[1]兼陈应办事宜折”。奉旨：“依议。”十三年派陈兰彬、容闳为留学事务所监督。挑选学生，并在上海设预备学堂。是年冬，国藩殁于任所，年六十二。植其因而未见其果，惜哉！（节录金桂荪编《曾国藩传略》）

原载《中华教育界》二十三卷第八期，

一九三六年二月

① 核舒新城所编《近代中国教育史料》，此处的“肆业”应为“肄业”。——编者注

提倡留学，倡兴军事教育的李鸿章先生

李鸿章，字少荃，安徽合肥人。父文安，刑部尚书，其先本许姓。鸿章登道光二十七年（1847 年）进士，改庶吉士，授编修，从曾国藩游，讲求经世之学。太平军兴，侍郎吕贤基，为安徽团练大臣，奏鸿章自助；旋弃去，从国藩于江西，以军功，为淮军总率，以此显贵。同治十一年（1872 年）与国藩合疏，选幼童，送往美国就学，其事详《西学东渐记》；论者讥其为德不卒，然分遣生徒至英、德、法诸国留学，奏设外国学馆、武备、海陆军学堂，创我国军事教育之始，有足多焉。鸿章持国是，力排众议，在畿疆三十年，究讨外国政学、法制、兵备、财用、工商艺业，设广方言馆、机器制造局、

提倡留學倡與軍事教育的

李鴻章先生

近代中國教育人物像傳之一——傳任敢輯

李鴻章，字少荃，安徽合肥人。父文安，刑部尚書，其先本許姓。鴻章登道光二十七年進士，改庶吉士，授編修，從曾國藩游，講求經世之學。太平軍興，侍郎呂賢基，爲安徽團練大臣，奏鴻章自助；旋棄去，從國藩於江西，以

軍功，爲淮軍總率，以此顯貴。同治十一年與國藩合疏，選幼童，送往美國就學，其事詳西學東漸記；論者譏其爲德不卒，然分遣生徒至英德法諸國留學，奏設外國學館，武備，海陸軍學堂，創我國軍事教育之始，有足多焉。鴻章持國是，力排衆議，在畿疆三十年，究討外國政學，法制，兵備，財用，工商藝業，設廣方言館，機器製造局，輪船招商局，開磁州，開平煤鐵礦，漢河金鑛，廣建鐵路，電線，及織布局，醫學堂；購鐵甲兵艦；築大沽，旅順，威海船塢，台，壘，遴武弁送德國習水陸軍械技藝，籌通商日本，派員駐劄，創設公司船，赴英貿易；凡所營造，皆前此所未有也。其後以辦理中法，中日，中俄，辛酉諸條約，衆議沸騰。卒於光緒二十七年七月，年七十有九。（錄金桂蓀：李鴻章傳略。）

轮船招商局；开磁州、开平煤铁矿，漠河金矿；广建铁路、电线及织布局、医学堂；购铁甲兵舰；筑大沽、旅顺、威海船坞、台、垒；遴武弁送德国习水陆军械技艺；筹通商日本，派员驻扎；创设公司船，赴英贸易。凡所营造，皆前此所未有也。其后以办理中法、中日、中俄、辛酉①诸条约，众议沸腾。卒于光绪二十七年（1901年）七月，年七十有九。（录金桂荪编《李鸿章传略》）

原载《中华教育界》二十三卷第八期，

一九三六年二月

① 原文有误，“辛酉”应为“辛丑”。——编者注

究心西洋舆地，最先充任总理同文馆事务大臣的徐继畬先生

徐继畬，字健男，号松龛，山西五台人。年十九，举嘉庆癸酉（1813年）乡试，道光丙午（1846年）[①]进士，朝考第一，选庶吉士，遭父忧，服阕，授编修，转陕西道监察御史。上疏称旨，擢浔州知府，寻迁福建延建邵道。庚子（1840年）四月，调汀漳龙道，旋擢广东盐运使，未至，改按察使。癸卯（1843年），迁福建布政使；丙午（1846年），授广西巡抚，未至，复调福建。始公入觐时，宣宗询及海外形势、各国风土，公具以对，遂

① 据《清史稿》卷四二二，徐继畬是道光六年进士，该年为丙戌年。此处的“丙午（1846年）”应更正为“丙戌（1826年）”。——编者注

究心西洋輿地最先充任總理同文館事務大臣的

徐繼畬先生

近代中國教育人物像傳之一——傅任敢輯

徐繼畬，字健男，號松龕，山西五台人。年十九，舉嘉慶癸酉鄉試，道光丙午進士，朝攷第一，選庶吉士，遭父憂，服闋，授編修，轉陝西道監察御史。上疏稱旨，擢潯州知府，尋遷福建延建邵道。庚子四月，調汀漳龍道，旋擢廣東鹽運使，未至，改按察使。癸卯，遷福建布政使；丙午，授廣西巡撫，未至，復調福建。始公入覲時，宣宗詢及海外形勢，各國風土，公具以對，遂命纂書進呈。公歸，未嘗以語人。及書成，曰瀛環志略，未表進而宣宗升遐，至是言者摭中外交涉事劾公，並指是書爲口實。文宗既召見，知公無他，命留京供職，補太僕寺少卿。咸豐壬子，簡公爲四川正考官，試畢，因閩任事落職。家居十餘年，值洪楊軍北犯，當事奏派督辦防堵，既而陝豫軍並興，復奉命總辦各府州團練。同治四年，詔有司趣之入朝，授太僕寺卿，通商衙門行走，尋充總理同文館事務大臣，居三年，以老乞致仕，癸酉七月卒，年七十九。所著瀛環志略，爲國人言世界地理者之先河，其任同文館事務大臣也，西教習畢利干，丁韙良等皆泰西名碩，獨敬禮先生，諸王大臣莫能儗也。所遺奏議詩文，有松龕先生全集行世。（據全集中楊篤撰家傳及閻錫山敘。）

究心西洋舆地，最先充任总理同文馆事务大臣的徐继畬先生

命纂书进呈。公归，未尝以语人。及书成，曰《瀛环志略》，未表进而宣宗升遐，至是言者摭中外交涉事劾公，并指是书为口实。文宗既召见，知公无他，命留京供职，补太仆寺少卿。咸丰壬子（1852年）简公为四川正考官，试毕，因闽任事落职。家居十余年，值洪、杨军北犯，当事奏派督办防堵，既而陕豫军并兴，复奉命总办各府州团练。同治四年（1865年），诏有司趋之入朝，授太仆寺卿，通商衙门行走，寻充总理同文馆事务大臣，居三年，以老乞致仕，癸酉（1873年）七月卒，年七十九。所著《瀛环志略》，为国人言世界地理者之先河。其任同文馆事务大臣也，西教习毕利干、丁韪良等皆泰西名硕，独敬礼先生，诸王大臣莫能拟也。所遗奏议诗文，有《松龛先生全集》行世。（据《全集》中杨笃撰《家传》及阎锡山叙）

原载《中华教育界》二十三卷第八期，

一九三六年二月

振兴浙江教育的孙诒让先生

孙诒让，字仲容，号籀高[①]，浙江瑞安人。生于清道光二十八年（1848 年）八月十四日，卒于光绪三十四年（1908 年）五月二十二日，享年六十一岁。同治六年（1867 年）举于乡，官刑部主事。诒让当世变学纷之会，慨然欲通古于今、汇外于中，而又苦心劝学。光绪二十二年（1896 年），创立瑞安计学馆；二十三年，办方言馆；越二年，创瑞平化学学堂；二十八年，乃设瑞安普通学堂；复于县城四隅，各设蒙学堂，而高等小学堂与女子初等小学堂于两年后筹设。又以温处距省窎远，呈请巡抚设温处两

① 又称“籀庼”。——编者注

振興浙江教育的

孫詒讓先生

近代中國教育人物像傳之一——傅任敢輯

孫詒讓，字仲容，號籀廎，浙江瑞安人。生於清道光二十八年八月十四日，卒於光緒三十四年五月二十二日，享年六十一歲。同治六年舉於鄉，官刑部主事。詒讓當世變學紛之會，慨然欲通古於今，匯外於中，而又苦心勸學。光緒二十二年，剏立瑞安計學館；二十三年，辦方言館；越二年，剏瑞平化學學堂；二十八年，乃設瑞安普通學堂；復於縣城四隅，各設蒙學堂，而高等小學堂與女子初等小學堂於兩年後繼設。又以溫處距省窵遠，呈請巡撫設溫處兩處學務處。當事者舉讓總其事。又請以溫州校士館爲師範學堂。自詒讓主學務處三年，兩郡中小學增三百餘所。當時士大夫謂浙中學界之開通，實詒讓提倡之力，非過譽也。光緒三十二年，浙紳公推爲教育總會會長，撰學務本義四條，枝議十則。大致以普及教育，保存國粹，廣籌經費，注意小學應用科目，統一科學譯名，強迫紳商子弟入學，獎勵女學，破除迷信爲主，上諸學部。生平著述甚富，有周禮正義，周禮政要，墨子閒詁，尚書駢枝，逸周書斠補，古籀拾遺，九旗古義述，古歷甄微，名原，契文舉例，廣韻姓氏刊誤，札迻，永嘉郡記集本，大篆沿革攷，宋政和禮器文字攷，周禮三家佚注，溫州經籍志，四部別錄，溫州古甓記，百晉精廬碑錄，溫州建置沿革表，籀廎述林，白虎通校補，涙語集札記，東甌金石志，亭林詩集校，籀廎遺文，經迻，古籀餘論等。（據浙教廳所撰傳及朱芳圃：孫詒讓年譜。）

处学务处。当事者举让总其事。又请以温州校士馆为师范学堂。自诒让主学务处三年，两郡中小学增三百余所。当时士大夫谓浙中学界之开通，实诒让提倡之力，非过誉也。光绪三十二年，浙绅公推为教育总会会长，撰学务本义四条，枝议十则。大致以普及教育、保存国粹、广筹经费、注意小学应用科目、统一科学译名、强迫绅商子弟入学、奖励女学、破除迷信为主，上诸学部。生平著述甚富，有《周礼正义》《周礼政要》《墨子间诂》《尚书骈枝》《逸周书斠补》《古籀拾遗》《九旗古义述》《古历甄微》[1]《名原》《契文举例》《广韵姓氏刊误》《札迻》《永嘉郡记集本》《大篆沿革考》《宋政和礼器文字考》《周礼三家佚注》《温州经籍志》《四部别录》《温州古甓记》《百晋精庐碑录》《温州建置沿革表》《籀高述林》[2]《白虎通校补》《浪语集札记》《东甄金石志》[3]《亭林诗集

---

① 原文有误，《古历甄微》应为《六历甄微》。——编者注

② 又称《籀庼述林》。——编者注

③ 原文有误，《东甄金石志》应为《东瓯金石志》。——编者注

校》《籀高遗文》[①]《经迻》《古籀余论》等。(据浙教厅所撰传及朱芳圃编《孙诒让年谱》)

原载《中华教育界》二十三卷第八期，
一九三六年二月

① 又称《籀庼遗文》。——编者注

振兴南通教育，蔚为全国模范的张謇先生

张謇，字季直，号啬庵，江苏南通人。清咸丰三年（1853 年）五月二十五日生于海门常乐镇之敦裕堂，世业农。先生以光绪甲午（1894 年）成进士。科举既罢，士习犹尚虚荣，兴学数年，成效实鲜。其时先生先后辞去崇明瀛洲书院、南京文正书院、安庆经古书院院长职亦已久，上书学部，请撤学堂奖励沿用科举之名目，使名与实符，学与用一。江苏学务总会成立，被推为总理。旋改江苏省教育会，又数当选为会长。言论主张，举国宗尚，江苏教育，遂领袖各省。长中央教育会时，揭所主张于国人，曰军国民教育，曰国家主义教育[①]。初，《马关条约》

① 顾公毅的《张謇传略》中为“实利教育”。——编者注

振興南通教育蔚為全國模範的

張謇先生

近代中國教育人物像傳之一——傳任敢輯

張謇，字季直，號嗇庵，江蘇南通人。清咸豐三年五月二十五日生於海門常樂鎮之敦裕堂。世業農。先生以光緒甲午成進士。科舉既罷，士習猶尚虛榮，興學數年，成效實勤。其時先生先後辭去崇明瀛洲書院，南京文正書院，安慶經古書院院長職亦已久；上書學部，請撤學堂獎勵沿用科舉之名目，使名與實爭，學與用一。江蘇學務總會成立，被推為總理。旋改江蘇省教育會，又數當選為會長。言論主張，舉國宗尚，江蘇教育，遂領袖各省。長中央教育會時，揭所主張於國人，曰：軍國民教育，曰：國家主義教育。初：馬關條約成，國威喪削，有議叢培；先生外規大勢，內審國情，知非普及教育不足以救危亡。普及之本在師範，設師範之資，其數非細。推原理端，亟營實業。南通為中外有名產棉最大之區，會有議與紡廠於通，而謀及者，先生身任之。勞苦空乏，動忍揚亂，以植信用。利既日著，爰綜自發起之日，歷存未支股東所許之傳給，而計其處息，得銀二萬餘，合叔兄詧與二三同志所贊助，以光緒二十八年五月，規定就千佛寺址而廣之，於寺西南阿中填增地四之一，建通州師範學校，是實中國師範學校之嚆矢。明年四月一日開學，先生為總理；總理職權如校長。師範學校既成，由是有講習科，簡易科，本科之分。講習簡易卒業，而有初等小學，乃有教員。本科與初等小學卒業，而有高等小學，乃有教員。復別營能容兒童五百人之附屬小學。更就地方小學為十六方里設一初級小學合南通八千方里應設初級小學五百所之最低計劃，分年推進；而師範學校實為其策源地。光緒三十一年會請就上海製造局附設工科大學。同時建議學部，請飭各行省籌建博覽館，并先於京師奏辦帝室博覽館一區為各省範。嗣又為國家博物苑，圖書館規畫條議。三十二年為江督端方策畫南洋公學，而於資本，編科學書，養成教員，各有設計，皆格而未行，先生毅然自營博物苑，圖書館；並增農科，蠶科，測繪科，土木工科於師範學校。而紡織專門，醫學專門，大學農科等，後稱南通學院者，亦以次觀成。先生於南通，又設女子師範學校，通海五屬公立中學（今省立南通中學），農業學校（今南通學院附屬中學），六業學校（今商立初級中學），女工傳習所，盲啞學校等。其應於一時之需要而興起者：有國文專修科，保姆傳習所，鍍鎳傳習所，銀行專修科，甲種師範講習所，乙種小學教員講習所，盲啞師範傳習所，單級教授練習所，法政講習所，巡警教練所，鹽場警察長尉教練所，監獄學傳習所，宣講練習所，清文傳習所等。其不屬於南通一隅而為之監督或策進者：有江學商業高中兩等學校，蘇州鐵路學校，南京河海工程專門學校，吳淞商船學校，水產專門學校，東臺母里師範學校，它若復旦學院，淮屬師範學校（今省立淮陰師範學校），南京高等師範學校（今國立中央大學）則亦以先生之創議而始經營者。先生於教授主自得，於管理主嚴格。訓練準則，曰：『堅苦自立，忠實不欺』。而教育鵠的，初曰：『救亡』，『雪恥』。晚年詔其及門者，則曰：『教育恐不及救亡，亡之後圖存，舍教育無由也』。曰：『有禮教有學問之國，即亡亦必能復興』。曰：『死後求活，惟恃教育』。終先生之世，南通教育，自為風氣。先生致力於教育者若此。其在實業：曾創大生第一第二第三第八紡織公司，廣生榨油公司，復興麵粉公司，資生鐵冶公司，大達輪船公司，通海墾牧公司，大有晉大豫大賚大豐華成等鹽墾公司，淮海實業銀行。在政治：曾任實業部總長，農商部總長，兩淮鹽政總理，江蘇鐵路協理，全國水利局總裁，導淮督辦，吳淞商埠督辦，江蘇諮議局議長，江蘇省議會議長，參議院議員，衆議院議員，先生之言曰：『父教育而母實業』。曰：『政界乃腐敗人才之地』。曰：『非普及教育無以促進政治於良善』。然則先生在實業，在政治，於教育又相成而不悖。其營公園，闢縣道，植學校林，設殘廢院，養老院，建公共體育場，創更俗劇場，營猿山觀音院，立軍山氣象臺，新曹公祠，京觀亭，倭子墳，不必一一為教育，而獎諸所謂德育或智育抑體育，又或美育或羣育，亦自有相成之道在。綜計先生積年經費所耗，凡二百數十萬，壹以實業所入為清，不足則舉債以益，又或鬻字以補之。先生之言曰：『國可亡，而地方自治不可亡。國即弱，而私人志氣不可弱』。故其計自強，求自治，以實業教育互相孳乳，歷三十如一日。先生以民國十五年八月二十四日卒，年七十有四。遺著九錄，子孝若為編校行世。節錄顧公毅：（張先生傳稿）

成，国威丧削，有识蒙垢。先生外觇大势，内审国情，知非普及教育不足以救危亡。普及之本在师范，设师范之资，其数非细。推原理端，亟营实业。南通为中外有名产棉最大之区，会有议兴纺厂于通而谋及者，先生身任之。劳苦空乏，动忍拂乱，以植信用。利既日著，爰综自发起之日历存未支股东所许之俸给而计其岁息，得银二万余，合叔兄察与二三同志所赞助，以光绪二十八年（1902 年）五月，规定就千佛寺址而广之，于寺西南河中填增地四之一，建通州师范学校，是实中国师范学校之嚆矢。明年四月一日开学，先生为总理，总理职权如校长。师范学校既成，由是有讲习科、简易科、本科之分。讲习、简易卒业，而有初等小学，乃有教员。本科与初等小学卒业，而有高等小学，乃有教员。复别营能容儿童五百人之附属小学。更就地方小学，为十六方里设一初级小学，合南通八千方里应设初级小学五百所之最低计划，分年推进，而师范学校实为其策源地。光绪三十一年曾请就上海制造局附设工科大学。同时建议学部，请饬各行省筹建博览馆，并先于京师奏办帝室博览馆一区为各省范。嗣又为国家博物苑、图书馆规划条议。三十二年为江督端方策划南洋公学，而于资本、编科学书、养成教员，各有设计，皆格而未行，先生毅然自营博物苑、图书馆，并增农科、蚕科、测绘科、土木工科于师范学校。而纺织专门、医学专门、大学农科等，后称南通学院者，亦以次观成。先生于南通，又设女子师范学校、通海五属公立中学（今省立南通中学）、农业学校[①]（今南通学院附属中学）、六业学校（今商立初级中学）、女工传习所、盲哑学校等。其应于一时之需要而兴起者，有国文专修科、保姆传习所、镀镍传习所、银行专修科、甲种师范讲习所、乙种小学教员讲习所、盲哑师范传习所、单级教授练习所、法政讲习所、巡警教练所、盐场警察长尉教练所、监狱学传习所、宣讲练习所、清丈传习所等。其不属于南通一隅而为之监督或策进者，有江宁商业高中两等学校、苏州铁路学校、南京河海工程专门学校、吴淞商船学校、水产专门学校、东台甘里

① 顾公毅的《张謇传略》中为“商业学校”。——编者注

师范学校[①]。它若复旦学院、淮属师范学校（今省立淮阴师范学校）、南京高等师范学校（今国立中央大学），则亦以先生之创议而始经营者。先生于教授主自得，于管理主严格。训练准则，曰：“坚苦自立，忠实不欺。”而教育鹄的，初曰“救亡”“雪耻”。晚年诏其及门者，则曰：“教育恐不及救亡，亡之后图存，舍教育无由也。”曰：“有礼教有学问之国，即亡亦必能复兴。”曰：“死后求活，惟恃教育。”终先生之世，南通教育，自为风气。先生致力于教育者若此。其在实业，曾创大生第一、第二、第三、第八纺织公司，广生榨油公司，复兴面粉公司，资生铁冶公司，大达轮船公司，通海垦牧公司，大有晋[②]、大豫、大赉、大丰、华成等盐垦公司，淮海实业银行。在政治，曾任实业部总长、农商部总长、两淮盐政总理、江苏铁道协理、全国水利局总裁、导淮督办、吴淞商埠督办、江苏谘议局议长、江苏省议会议长、参议院议员、众议院议员。先生之言

① 原文有误，“东台甘里师范学校”应为“东台母里师范学校”。——编者注
② 原文有误，“大有晋”应为“有大晋”。——编者注

曰："父教育而母实业。"曰："政界乃腐败人才之地。"曰："非普及教育，无以促进政治于良善。"然则先生在实业，在政治，于教育又相成而不悖。其营公园，辟县道，植学校林，设残废院、养老院，建公共体育场，创更俗剧场，营狼山观音院，立军山气象台、新曹公祠、京观亭、倭子坟，不必一一为教育，而揆诸所谓德育或智育，抑体育又或美育或群育，亦自有相成之道在。综计先生积年经费所耗，凡二百数十万，壹以实业所入为济，不足则举债以益，又或鬻字以补之。先生之言曰："国可亡，而地方自治不可亡。国即弱，而私人志气不可弱。"故其计自强，求自治，以实业、教育互相孳乳，历三十[①]如一日。先生以民国十五年（1926年）八月二十四日卒，年七十有四。遗著《张季子九录》，子孝若为编校行世。（节顾公毅《张先生传稿》）

原载《中华教育界》二十三卷第九期，
一九三六年三月

① 原文有误，此处的"三十"应为"三十年"。——编者注

甘肃教育先进张世英先生

先生名世英，字育生，号佩莪，甘肃天水县人。光绪丙子（1876年）举于乡，庚辰（1880年）成进士，入馆选。改官陕西知县，部选甘泉（今属延安市），调武功，终补渭南，历署凤翔、蒲城、石泉、凤县、城固、邠州（今彬州市）、商州，所至有声，而特著于渭。其为政大略，以政教合一为本。渭邑先后设立高、初等小学校二百余处，讲演所数十处，简易识字夜学百余处。公余考绩，躬自讲授。去之日，渭南士绅，为立敬教劝学碑。在渭时，曾捐俸万金，设两等学堂于天水，而以亦渭名之。聘陕甘绩学之士司管教事。天水之有学校，盖自此始也。宣统二年（1910年），甘督长庚奏调回籍，襄办自

甘肅教育先進

張世英先生

近代中國教育人物像傳之一——傳任敢輯

先生名世英，字育生，號佩莪；甘肅天水縣人。光緒丙子舉於鄉，庚辰成進士，入館選。改官陝西知縣，部選甘泉，調武功，終補渭南，歷署鳳翔，蒲城，石泉，鳳縣，城固，邠州，商州，所至有聲，而特著於渭。其爲政大略，以政教合一爲本。渭邑先後設立高初等小學校二百餘處，講演所數十處，簡易識字夜學百餘處。公餘考績，躬自講授。去之日，渭南士紳，爲立敬教勸學碑。在渭時，曾捐俸萬金，設兩等學堂於天水，而以亦渭名之。聘陝甘績學之士司管教事。天水之有學校，蓋自此始也。宣統二年，甘督長庚奏調回籍，襄辦自治，先生即條陳輕弊恤民事宜，尤汲汲於興學勸俗，欲以施行於渭南北者，復試辦於桑梓之秦州。時至其所立亦渭學校，懇懇勸導。以故莘莘學子，率皆循守禮法，所在皆能以亦渭生自別，而人之見者，亦皆能一望而知其爲亦渭生也。二十年來，天水優秀學子，凡升省垣，及留學國內外，能自有所樹立者，以出自亦渭小學爲獨多，論者皆歸功於先生導源樹風之力，非虛譽也。先生卒年七十有三，葬之日，有自城固率其子徒步千里而來哭者。鄉人立祠祀之，私謚惠毅。著有三山文牘若干卷。（錄蕭椒石，張世英傳略；可參看張公行述。）

治，先生即条陈轻弊恤民事宜，尤汲汲于兴学劝俗，欲以施行于渭南北者，复试办于桑梓之秦州。时至其所立亦渭学校，殷勤劝导。以故莘莘学子，率皆循守礼法，所在皆能以亦渭生自别，而人之见者，亦皆能一望而知其为亦渭生也。二十年来，天水优秀学子，凡升省垣，及留学国内外，能自有所树立者，以出自亦渭小学为独多，论者皆归功于先生导源树风之力，非虚誉也。先生卒年七十有三，葬之日，有自城固率其子徒步千里而来哭者。乡人立祠祀之，私谥惠毅。著有《三山文牍》若干卷。（录萧椒石编《张世英传略》，可参看《张公行述》）

原载《中华教育界》二十三卷第九期，
一九三六年三月

最先编行教育刊物，尽瘁教育事业的王国维先生

王国维，字静安，又字伯隅，号观堂，又号永观。清光绪三年（1877 年），生于浙江之海宁。国维生而通敏。稍长，治举业为秀才，肄业于杭州崇文书院，以文名。值甲午之役，国人争言变法，国维亦欲自奋于新学，顾家贫不能以资供游学，居恒怏怏不乐。二十二岁时，始来上海，为《时务报》司书记校雠。时上虞振玉[1]，设东文学社于上海之梅福里，以余晷往就学焉。嗣《时务报》馆封闭，罗氏乃使治社中庶务，而免其各费，于是始得专力于学。庚子之乱，学社解散，罗氏助以资，留学于日

① 据唐敬果的《王国维传略》及下文，此处应为“罗振玉”。——编者注

最先編行教育刊物盡瘁教育事業的

王國維先生

近代中國教育人物像傳之一——任敏輯

王國維，字靜安，又字伯隅，號觀堂，又號永觀。清光緒三年，生於浙江之海寧。國維生而通敏。稍長，治舉業爲秀才，肄業於杭州崇文書院，以文名。值甲午之役，國人爭言變法，國維亦欲自奮於新學，顧家貧不能以貲供遊學，居恆怏怏不樂。二十二歲時，始來上海，爲時務報司書記校讎。時上虞羅振玉，設東文學社於上海之梅福里，以餘晷往就學焉。嗣時務報館封閉，羅氏乃使治社中庶務，而免其各費，於是始得專力於學。庚子之亂，學社解散，羅氏助以資，留學於日本，留四五閱月而脚氣病作，遂以是夏歸國。其時南洋公學設分校於虹口之謙吉里，羅氏爲校長，國維乃爲校之執事，暇則習英文，兼爲羅氏編譯農學報，教育世界雜誌，並爲社論者數年。光緒二十九年，任教席於南通師範學堂，主講哲學，論理，心理諸學，讀叔本華之書而大好之。翌年秋，移教席於蘇州師範學堂，主講社會，論理，心理諸學，嗣更用力於康德之書。既而厭之，以爲哲學上之說，大都可愛者不可信，可信者不可愛。同時又因填詞之成功，乃漸移其嗜好於文學，著有靜安文集，人間詞甲乙稿。光緒三十四年，隨羅氏入京，任學部總務司行走；在京四年，仍專治詞曲，著有人間詞話，清真先生遺事，曲錄，戲曲考源，宋大曲考，優語錄，古劇脚色考，曲調源流表諸作，並爲世所推重；而宋元劇曲史亦屬稿於是時。辛亥之役，隨羅氏攜家東渡。以羅氏之勸，始盡棄前所治哲學，文學，而專意於經史。民國五年歸國，復居上海，爲猶太人哈同編輯廣倉學宭學術叢編；嗣任倉聖明智大學教授，並縱觀烏程蔣汝藻藏書，爲之編密韻樓書目，著述自此亦富。民國十年，萃前所作論文，刊爲觀堂集林二十卷，十二年夏，至北京，任職於清宮之南書房，與羅振玉檢完清宮所藏彝器。嗣應北京大學研究所國學門聘，爲校外通信導師。又翌年秋，任清華學校國學研究所教授，講演古史新證，尚書，儀禮，說文解字四門。暇則專治西北地理，元代掌故。刻蒙古史料校注四種；又裒辛酉以後所作爲觀堂集林補編。民國十六年五月初三日，自沉於頤和園之昆明湖，年五十一。（節教育大辭書）

最先编行教育刊物，尽瘁教育事业的王国维先生

本，留四五阅月[1]而脚气病作，遂以是夏归国。其时南洋公学设分校于虹口之谦吉里，罗氏为校长，国维乃为校之执事，暇则习英文，兼为罗氏编译《农学报》《教育世界》杂志，并为社论者数年。光绪二十九年，任教席于南通师范学堂，主讲哲学、论理、心理诸学，读叔本华之书而大好之。翌年秋，移教席于苏州师范学堂，主讲社会、论理、心理诸学，嗣更用力于康德之书。既而厌之，以为哲学上之说，大都可爱者不可信，可信者不可爱。同时又因填词之成功，乃渐移其嗜好于文学，著有《静安文集》《人间词甲乙稿》。光绪三十四年，随罗氏入京，任学部总务司行走。在京四年，仍专治词曲，著有《人间词话》《清真先生遗事》《曲录》《戏曲考源》《宋大曲考》《优语录》《古剧脚色考》《曲调源流表》诸作，并为世所推重，而《宋元戏曲史》亦属稿于是时。辛亥之役，随罗氏携家东渡。以罗氏之劝，始尽弃前所治哲学、文学，而专意于经史。民

① 原文有误，"四五阅月"应为"四五月"。——编者注

国五年（1916年）归国，复居上海，为犹太人哈同编辑《广仓学窘学术丛编》；嗣任仓圣明智大学教授，并纵观乌程（今属浙江湖州）蒋汝藻藏书，为之编《密韵楼书目》，著述自此亦富。民国十年，萃前所作论文，刊为《观堂集林》二十卷。十二年夏，至北京，任职于清宫之南书房，与罗振玉检完清宫所藏彝器。嗣应北京大学研究所国学门聘，为校外通信导师。又翌年秋，任清华学校国学研究所教授，讲演《古史新证》《尚书》《仪礼》《说文解字》四门。暇则专治西北地理、元代掌故。刻《蒙古史料校注》四种，又裒辛酉（1921年）以后所作为《观堂集林补编》。民国十六年五月初三日，自沉于颐和园之昆明湖，年五十一。（节《教育大辞书》）

原载《中华教育界》二十三卷第九期，

一九三六年三月

广西教育先进于式枚先生

于式枚，字晦若，广西贺县人。博闻强记，善属文。光绪六年（1880 年）进士，以庶吉士散馆用。兵部主事李鸿章疏调北洋差遣，历十余年，奏牍多出其手。二十二年鸿章贺俄皇加冕，式枚充随员，因历德、法、英、美诸国。归，选授礼部主事，由员外郎授御史，迁给事中。既，赏五品京堂，充政务处帮办提调、京师大学堂总办、译学馆监督。三十一年，以鸿胪寺少卿，督广东学政，设两广优级师范学堂，并请总督岑春萱等设旅穗师范。后改提学使，疏辞；命总理广西铁路。计两年之间，粤桂地方成立学校千余所，可谓盛矣。三十三年，式枚迁邮传部侍郎，旋奉命出使德国，充考察宪政大

廣西教育先進

于式枚先生

近代中國教育人物像傳之一

任敏輯

于式枚，字晦若，廣西賀縣人。博聞強記，善屬文。光緒六年進士，以庶吉士散館用。兵部主事李鴻章疏調北洋差遣，歷十餘年，奏牘多出其手。二十二年鴻章賀俄皇加冕，式枚充隨員，因歷德法英美諸國。歸，選授禮部主事，

由員外郎授御史，遷給事中。既，賞五品京堂，充政務處幫辦提調，京師大學堂總辦，譯學館監督。三十一年，以鴻臚寺少卿，督廣東學政，設兩廣優級師範學堂，並請總督岑春萱等設旅穗師範。後改提學使，疏辭；命總理廣西鐵路。計兩年之間，粵桂地方成立學校千餘所，可謂盛矣。三十三年，式枚遷郵傳部侍郎，旋奉命出使德國，充考察憲政大臣，先後譯奏普魯士憲法全文；官别，位號，等級，及兩議院新舊選舉法。宣統元年，返國覆命，以疾乞假，張之洞遺疏奏，式枚才堪大用，轉吏部侍郎；改學部侍郎；總理禮學館事，修訂法律大臣，國史館副總裁。改元後居青島，未幾卒，年六十三。（錄金桂蓀：于式枚傳略。）

臣，先后译奏普鲁士《宪法》全文、官别、位号、等级，及两议院新旧《选举法》。宣统元年（1909年），返国覆命，以疾乞假，张之洞遗疏奏，式枚才堪大用，转吏部侍郎；改学部侍郎；总理礼学馆事，修订法律大臣，国史馆副总裁。改元后居青岛，未几卒，年六十三。（录金桂荪编《于式枚传略》）

原载《中华教育界》二十三卷第九期，
一九三六年三月

台湾遗民、爱国教育家丘逢甲先生

丘逢甲字仙根，一字仲阏，别晚蛰仙，晚号仓海君，又号南武山人，台湾彰化翁仔社人也。其先居粤梅州镇平县，清康熙间，渡海徙台，遂为台人。逢甲少负奇气，躯干魁伟，广额，丰耳，目弈弈有光，谈论风生，往往一言惊四座，声振瓦屋。年十三，补博士弟子员，时吴子光设教吕氏筱云山庄，藏书富，逢甲负笈从，博览群籍，遂以诗鸣海国。灌阳唐景崧，以翰林分巡台湾道，方奖掖风雅，岁试文生，拔其尤，读书海东书院，厚给膏火，延进士施士浩主讲；于是逢甲肄业其中。旋获举，联捷成进士，授工部主事，去官为崇文书院山长。及景崧升布政使，邀逢甲，以诗文相酬唱；无何，朝

臺灣遺民愛國教育家

丘逢甲先生

近代中國教育人物像傳之一｜傳 任敢 韓

邱逢甲字仙根，一字仲閼，別號蟄仙，晚號倉海君，又號南武山人，臺灣彰化翁仔社人也。其先居粵梅州鎮平縣，清康熙間，渡海徙臺，遂爲臺人。逢甲少負奇氣，軀幹魁偉，廣額，豐耳，目弈弈有光，談論風生，往往一言驚四座，擊振瓦屋。年十三，補博士弟子員，時吳子光設教呂氏筱雲山莊，藏書富，逢甲負笈从，博覽羣籍，遂以詩鳴海國。灌陽唐景崧，以翰林分巡臺灣道，方獎掖風雅，歲試文生，拔其尤，讀書海東書院，厚給膏火，延進士施士浩主講；於是逢甲肄業其中。旋獲舉，聯捷成進士，授工部主事，去官爲崇文書院山長。及景崧陞布政使，邀逢甲，以詩文相酬唱；無何，朝鮮事起，遷景崧爲巡撫。光緒二十一年，清廷與日議和，割臺灣畀日。臺人聞變，羣情激昂，逢甲與諸紳出謀挽救，電奏力爭，情詞惋切。不報，惟飭撤回守官。逢甲乃奔走呼號，倡建國自主。衆推逢甲起草法制，建臺灣爲民主國。五月初二日，逢甲率臺人，上總統印章，推景崧爲總統，以逢甲爲副總統，兼義勇軍統領。景崧固文吏，不知軍；軍士聞景崧無能，驕不可抑。逢甲憂之，乃練鄉團備用，傾家資養兵，不足則乞義士捐助，昕夕遑遑，未稍懈也。旋日艦盛集，景崧奔滬尾，乘德商輪內渡；時遊兵淫掠無厭，全城無主，逢甲急舉義勇戡亂，冀重振。顧府庫軍械，入亂軍手，義勇不支，旋大潰，逢甲隻身逃鄉間。逢甲收拾散士，義勇復集，伺日軍出，半途擊之。顧初值殘亂，軍容不振，交鋒未幾，復大敗，臺北遂爲日有。時劉永福守臺南，衆推之爲總統，逢甲欲往依之，會道梗，不能行；而臺北已陷諸邑，聞臺南義舉，咸躍躍思奮，逢甲復與約，定期會師，圖恢復，爲日兵偵知，防範綦密，不得乘。日人復以臺灣自主，爲逢甲所倡，欲得之甘心，逢甲乃潛身深箐窮谷，至臺南失守，始痛哭歸，時光緒二十一年九月也。逢甲已內渡，家於原籍鎮平縣，自稱臺灣遺民，旋主講潮州韓山書院，大吏屢招之，不出，惟以興學育才號召國人。光緒二十五年，於汕頭首創同文學堂，被推監督，兼總理，延翰林院檢討温仲和慕柳爲教習，以經史及歷算理化諸學爲必習學科，嶺東新學，蓋自同文始也。是時學校初興，頑固者視新學如蛇蠍，而海曲隘士，又以主客之見，播弄風潮，逢甲悉力支付，新學卒以大行。粵省學校，繼同文而興者，無慮十百，皆以逢甲爲先知，甚且乞逢甲爲監督，粵大吏敬服不置，禮聘任廣府中學監督，兩廣方言學堂監督，羣士出其門者，悉竭志勵學，有聲於時。光緒末，逢甲被推爲粵諮議局議長。是時種族革命已日進展，逢甲睹狀，狂喜，曰：是余志也，余謀臺灣自主不成，今自主行於祖國見之，死無恨矣。粵省既獨立，推逢甲任教育司長，旋代表粵民赴南京參政，被選爲臨時參議院議員。會疾發，倉卒南返，抵粵垣，竟謝世，春秋四十有八。其歿也，粵士無老少，悉含悲，及葬，執紼者數千人，臺遺民痛大難之未已也，哭之尤哀，嗚呼傷矣！（節羅香林作臺灣先烈丘逢甲傳）

鲜事起，迁景崧为巡抚。光绪二十一年（1895年），清廷与日议和，割台湾畀日。台人闻变，群情激昂，逢甲与诸绅出谋挽救，电奏力争，情词惋切。不报，惟饬撤回守官。逢甲乃奔走呼号，倡建国自主。众推逢甲起草法制，建台湾为“民主国”。五月初二日，逢甲率台人，上总统印章，推景崧为总统，以逢甲为副总统，兼义勇军统领。景崧固文吏，不知军；军士欺景崧无能，骄不可抑。逢甲忧之，乃练乡团备用，倾家资养兵，不足则乞义士捐助，昕夕遑遑，未稍懈也。旋日舰盛集，景崧奔沪尾，乘德商轮内渡；时游兵淫掠无厌，全城无主，逢甲急举义勇剿乱，冀重振。顾府库军械，入乱军手，义勇不支，旋大溃，逢甲只身逃乡间。逢甲收拾散亡，义勇复集，伺日军出，半途击之。顾初值残乱，军容不振，交锋未几，复大败，台北遂为日有。时刘永福守台南，众推之为总统，逢甲欲往依之，会道梗，不能行；而台北已陷诸邑，闻台南义声，咸跃跃思奋，逢甲复与约，定期会师，图恢复，为日兵侦知，防范綦密，不得乘。日人复以台湾自主，为逢甲所倡，欲得之甘心，逢甲乃潜身深菁穷谷，至台南失守，始痛哭归，时光绪二十一年九月也。逢甲已内渡，家于原籍镇平县，自称台湾遗民，旋主讲潮州韩山书院，大吏屡招之，不出，惟以兴学育才号召国人。光绪二十五年，于汕头首创同文学堂，被推监督，兼总理，延翰林院检讨温仲和慕柳为教习，以经史及历算、理化诸学为必习学科，岭东新学，盖自同文始也。是时学校初兴，顽固者视新学如蛇蝎，而海曲隘士，又以主客之见，播弄风潮，逢甲悉力支付，新学卒以大行。粤省学校，继同文而兴者，靡虑十百，皆以逢甲为先知，甚且乞逢甲遥为监督，粤大吏敬服不置，礼聘任广府中学监督、两广方言学堂监督，群士出其门者，悉端志励学，有声于时。光绪末，逢甲被推为粤谘议局议长。是时种族革命已日进展，逢甲睹状，狂喜，曰：是余志也，余谋台湾自主不成，今自主行于祖国见之，死无恨矣。粤省既独立，推逢甲任教育司长，旋代表粤民赴南京参政，被选为临时参议院议员。会疾发，仓卒南返，抵粤垣，竟谢世，春秋四十有八。其殁也，粤士无老少，悉含悲，及葬，执拂者数千人，台遗民痛大难之未已也，哭之尤哀，呜呼伤矣！（节罗香林作《台湾先烈丘逢甲传》）

原载《中华教育界》二十三卷第十期，
一九三六年四月

终身尽瘁教育与社会事业的范源濂先生

范源濂为晚近之教育家，字静生，湖南湘阴县人。少孤，从舅读书清泉。戊戌维新，考入长沙时务学堂。时务学堂停办后，东渡，受学于东京大同学校。旋转学于东亚商业学校。时赴东留学者日众，因国内学校初创，学科设备不全，大抵程度参差，无相当学校可入。源濂因仿日本维新的成规，在东京创办速成法政、师范诸科，法政以一年半毕业，师范则半年毕业，俾略具法政教育常识，以应时需。聘译员为之译述讲义，不必学习日语。不及二年，全国闻风来学者，至二万余人，跻空前未有之盛况。甲辰（1904 年）复回湘倡议送女生赴日习师范。奔走月余，得十二人，率之东渡，送入东京实践女学

終身盡瘁教育與社會事業的

范源濂先生

近代中國教育人物像傳之一——傳任敢輯

范源濂為晚近之教育家，字靜生，湖南湘陰縣人。少孤，从舅讀書清泉。戊戌維新，考入長沙時務學堂。時務學堂停辦後，東渡，受學於東京大同學校。旋轉學於東亞商業學校。時赴東留學者日衆，因國內學校初創，學科設備不全，大抵程度參差，無相當學校可入。源濂因仿日本維新的成規，在東京創辦速成法政師範諸科，法政以一年半畢業，師範則半年畢業，俾略具法政教育常識，以應時需。聘譯員為之譯述講義，不必學習日語。不及二年，全國聞風來學者，至二萬餘人，蹟空前未有之盛況。甲辰復回湘倡議送女生赴日習師範。奔走月餘，得十二人，率之東渡，送入東京實踐女學校，開女生留學之先河。乙巳，學部議設法政學堂於北京，聘日人主教，而任源濂為學部主事，佐之。丙午，糾合同志，創設殖邊學堂，招學生百餘人，授以蒙藏語言及墾殖諸科目。又籌辦優級師範學堂，清華學校。己酉冬，發起尚志學會，購置會所於北京化石橋，並籌集基金，附設圖書院及學校，編譯關於文化及科學書籍。嘗謂『尚志學會規模雖小，無異中國社會事業之一苗圃』，可以見其志望也。庚戌冬，任學部參事，規定學制及學校章程，以期全國學堂悉統制於部章之下，然後徐圖教育之普及。嗣後屢有增改，然大體仍多因舊旨也。辛亥冬，民國成立，任教育次長，旋任教育總長，刻意籌畫，多所建樹。在職半年，以政見不符引退；就中華書局編輯部長。五年七月，再任教育總長。七年春，與嚴修同赴美國，徧歷各省，於其教育實況，多所研求。九年八月，三就教育總長；次夏辭職，从事於生物學之研究。十一年春，再遊美國，考究鄉村教育。翌年赴英，與彼邦人士討論退還庚子賠款事，主張設各種學術研究院，圖書館，補助留學經費，並在外國大學設中國學術講座，以宣揚中國文化。十三年九月，任中國教育文化基金董事會董事，旋被推為幹事長。其所主張，多見定議。十七年十二月二十三日歿於津寓，年五十二。（錄教育大辭書）

终身尽瘁教育与社会事业的范源濂先生

校，开女生留学之先河。乙巳（1905年），学部议设法政学堂于北京，聘日人主教，而任源濂为学部主事，佐之。丙午（1906年），纠合同志，创设殖边学堂，招学生百余人，授以蒙、藏语言及垦殖诸科目。又筹办优级师范学堂、清华学校。己酉（1909年）冬，发起尚志学会，购置会所于北京化石桥，并筹集基金，附设医院及学校，编译关于文化及科学书籍。尝谓“尚志学会规模虽小，无异中国社会事业之一苗圃”，可以见其志望也。庚戌（1910年）冬，任学部参事，规定学制及学校章程，以期全国学堂悉统制于部章之下，然后徐图教育之普及。嗣后屡有增改，然大体仍多因旧旨也。辛亥（1911年）冬，民国成立，任教育次长，旋任教育总长，刻意筹划，多所建树。在职半年，以政见不符引退，就中华书局编辑部长。五年（1916年）七月，再任教育总长。七年春，与严修同赴美国，遍历各省，于其教育实况，多所研求。九年八月，三就教育总长；次夏辞职，从事于生物学之研究。十一年春，再游美国，考究乡村教育。翌年赴英，与彼邦人士讨论退还庚子赔款事，主张设各种学术研究院、图书馆，补助留学经费，并在外国大学设中国学术讲座，以宣扬中国文化。十三年九月，任中国教育文化基金董事会董事，旋被推为干事长。其所主张，多见定议。十七年十二月二十三日殁于津寓，年五十二。（录《教育大辞书》）

原载《中华教育界》二十三卷第十期，
一九三六年四月

文学家而兼教育家的吴芳吉先生

先生讳芳吉，字碧柳，四川江津人。先生家世农商，父定安公佐贾重庆，年四十先生始生。生七岁，定安公以折阅在理，乃随母返江津，依伯叔为生。及十岁，步行百里，省父于狱，长跪上书，卒释父，时之人称孝焉。伯叔遇先生虐，遂迁县南之白沙镇。白沙山水奇绝，有小学曰“聚奎”，位黑石山上。荣县萧先生绮笙，因革命事败，隐居教授于此。先生以彼其才，受萧先生教，为文论外交得失，凡三千言，传诵乡里，论者奇之。清宣统二年（1910年），清廷以美利坚庚子赔款建学校于清华园，曰“清华留美预备学校”，招考幼童。先生之成都，应试，冠其曹。既入校，与泾阳吴宓、湘潭

文學家而兼教育家的

吳芳吉先生

近代中國教育人物像傳之一——傳

任敢 輯

先生諱芳吉，字碧柳，四川江津人。先生家世農商，父定安公佐賈重慶，年四十先生始生。生七歲，定安公以折閱在理，乃隨母返江津，依伯叔爲生。及十歲，步行百里，省父於獄，長跪上書，卒釋父；時之人稱孝焉。伯叔遇先生虐，遂遷縣南之白沙鎮。白沙山水奇艷，有小學曰聚奎，位黑石山上。榮縣蕭先生猗笙，因革命事敗，隱居教授於此。先生以彼其才，受蕭先生教，爲文論外交得失，凡三千言，傳誦鄉里，論者奇之。清宣統二年，清廷以美利堅庚子賠款建學校於清華園，曰清華留美預備學校，招考幼童。先生之成都，應試，冠其曹。既入校，與涇陽吳宓，湘潭劉樸友善。踰年，革命事起，還家，復與同里鄧紹勤從蕭先生學。民國元年，清華生復業，有蜀生某以訐美利堅教授除學籍，並受凌辱；當時國勢陵夷，教授多異國人，恣其專橫，視學生如芻狗。先生乃倡於同學，各省舉代表一人，歸於校之當道，亦被除籍。校中知事已甚，勾教育總長湘陰范公源濂居間疏解，許除籍生各填悔過書復業。衆皆允，先生獨厲聲曰：無罪而罰人，非法也；無罪而受人之魚肉，又從而屈服之，非吾徒也！遂棄去，後走上海，入佑文社，校餘杭章氏叢書。及後主中國公學新羣雜誌。先生以在滬所見之虛僞，與在鄉所見之暴戾無以異，遂與新寧劉永濟之長沙，主講明德中學，與樸、永濟創湘君雜誌，以應宓所主之學衡月刊。爲羅羅山詩選，以激勵風俗。居六年，而湘人爲之感動。時宓離南京，主清華學校研究院，約先生往教。先生曰：清華吾仇校，吾安明儁！宓慮湘禍必發，遂勸先生之西北大學。會直軍吳佩孚命部將劉鎮華引兵十萬圍長安，與城中敗卒五千人戰二百餘日，圍城八閱月。方城之未圍也，先生謁先聖先王墓，謂萬急則抱道以終。城既圍，大學輟講，先生與諸生歌誦自若。後以永濟約，赴遼寧東北大學。諸生聞先生自憂患，來自圍城，欽其風義，踵門爭謁。永濟因母病走上海，校中即聘先生爲代。未幾，遺父喪，回蜀，主講成都大學。諸生稟讀其新羣湘君學衡之作，慕先生者萃至大禮堂聽講，猶百川之歸巨海，鱗介之宗龜龍。廿年夏，故人谷武鄉爲江津令，以江津中學責先生。辭不獲已，江津父老喜曰：吾子弟得師矣！先生之長江津中學也，不師成法，重師資，洗陋習。謂人本性善，道之以德，齊之以禮，使自向善。去規則科條，而以身作則。師生感奮，不期年而化大行。自東北淪喪，上海繼陷，國民革命軍第十九路軍以孤軍苦戰無援。先生慨然有從軍之志，友人劉鵬年力阻之，乃已。二十一年四月二十六日，先生演講重慶某教會，歸二日而病作，十日而歿。年三十有六。貧不能葬，江津中學爲治喪，諸生奉遺命歸骨於白沙黑石山，不期而會者三千人。（節錄吳白屋先生遺書莫健立撰吳白屋先生傳）

文学家而兼教育家的吴芳吉先生

刘朴友善。逾年，革命事起，还家，复与同里邓绍勤从萧先生学。民国元年（1912年），清华生复业，有蜀生某以忤美利坚教授除学籍，并受凌辱；当时国势陵夷，教授多异国人，恣其专横，视学生如刍狗。先生乃倡于同学，各省举代表一人，诤于校之当道，亦被除籍。校中知事已甚，匄教育总长湘阴范公源濂居间疏解，许除籍生各填悔过书复业。众皆允，先生独厉声曰："无罪而罚人，非法也；无罪而受人之鱼肉，又从而屈服之，非吾徒也！"遂弃去，后走上海，入佑文社，校余杭《章氏丛书》。及后主中国公学《新群》杂志。先生以在沪所见之虚伪，与在乡所见之暴戾无以异，遂与新宁刘永济之长沙，主讲明德中学，与朴、永济创《湘君》杂志，以应宓所主之《学衡》月刊。为《罗罗山诗选》，以激励风俗。居六年，而湘人为之感动。时宓离南京，主清华学校研究院，约先生往教。先生曰："清华吾仇校，吾安明德！"宓虑湘祸必发，遂劝先生之西北大学。会直军吴佩孚命部将刘镇华引兵十万围长安，与城中败卒五千人战二百余日，围城八阅月。方城之未围也，先生谒先圣先王墓，谓万急则抱道以终。城既围，大学辍讲，先生与诸生歌诵自若。后以永济约，赴辽宁东北大学。诸生闻先生生自忧患，来自围城，钦其风义，踵门争谒。永济因母病走上海，校中即聘先生为代。未几，遭父丧，回蜀，主讲成都大学。诸生素读其《新群》《湘君》《学衡》之作，慕先生者群至大礼堂听讲，犹百川之归巨海，鳞介之宗龟龙。廿年夏，故人谷武乡为江津令，以江津中学责先生。辞不获已，江津父老喜曰：“吾子弟得师矣！”先生之长江津中学也，不师成法，重师资，洗陋习。谓人本性善，道之以德，齐之以礼，使自向善。去规则科条，而以身作则。师生感奋，不期年而化大行。自东北沦丧，上海继陷，国民革命军第十九路军以孤军苦战无援。先生慨然有从军之志，友人刘鹏年力阻之，乃已。二十一年四月二十六日，先生演讲重庆某教会，归二日而病作，十日而殁。年三十有六。贫不能葬，江津中学为治丧，诸生遵遗命归骨于白沙黑石山，不期而会者三千人。（节录

莫健立撰《吴白屋先生传·吴白屋先生遗书》)

原载《中华教育界》二十三卷第十期，

一九三六年四月

广东教育先进梁鼎芬先生

梁鼎芬，字节庵，一字星海，粤之番禺人。弱冠掇巍科，会张香涛督粤，创广雅书院，聘先生为山长，成就甚众。先生于书无所不读，不以风气而忽略时务。迄今谈科学者，广雅实开其先河，而张公之宏奖风流，多所建设，为阮芸台以后所仅见；一切擘画，先生之力为多，信非虚语。嗣张公移檄两湖，先生亦出守武昌（今湖北鄂州），悉心佐张公规划学务，士林咸敬而爱之。清末，擢湖北按察使，旋引疾去，其政绩至今为鄂人所称道。晚年惓恋清廷，世人悯其愚忠，鲜加诟病。民国七年（1918年）

廣東教育先進

梁鼎芬先生

近代中國教育人物像傳之一——傳任敢輯

梁鼎芬，字節庵，一字星海，粵之番禺人。弱冠掇巍科，會張香濤督粵，剏廣雅書院，聘先生爲山長，成就甚衆。先生於書無所不讀，不以風氣而忽略時務，迄今談科學者，廣雅實開其先河，而張公之宏獎風流，多所建設，爲阮芸台以後所僅見；一切擘畫，先生之力爲多，信非虛語。嗣張公移檄兩湖，先生亦出守武昌，悉心佐張公規畫學務，士林咸敬而愛之。清末，擢湖北按察使，旋引疾去，其政績至今爲鄂人所稱道。晚年惓戀清廷，世人憫其愚忠，鮮加詬病。民國七年卒。（錄李伯賢：梁鼎芬傳略）

卒（录李伯贤编《梁鼎芬传略》）

原载《中华教育界》二十三卷第十期，
一九三六年四月

近代中国新教育的主动者梁启超先生

梁启超，字卓如，号任公，别号饮冰室主人。清同治十二年（1873 年）正月二十六日生于广东新会（今江门市新会区）熊子岛，民国十八年（1929 年）一月十九日卒于北平（今北京）协和医院，年五十七。早慧，九岁即能缀文千言，十二岁入县学，十七岁举于乡，次年从康有为游，受陆王心学及史学、西学。乙未（1895 年）中日和议成，代表广东公车百九十人上书陈时局，旋又附和有为，联合公车三千人上书请变法，组强学会以图自强。次年，任上海《时务报》主笔，著《变法通议》《西学书目表》，力倡废科举、兴学校，全国为之震动。次年，任湖南时务学堂讲席，提倡科学，注重时务，

近代中國新教育的主動者

梁啓超先生

近代中國教育人物像傳之一 ——傅任敢輯

梁啓超，字卓如，號任公，別號飲冰室主人。清同治十二年正月二十六日生於廣東新會熊子鄉，民國十八年一月十九日卒於北平協和醫院，年五十七。早慧，九歲即能綴文千言，十二歲入縣學，十七歲舉於鄉，次年從康有爲遊，受陸王心學及史學西學。乙未中日和議成，代表廣東公車百九十人上書陳時局，旋又附和有爲，聯合公車三千人上書請變法，組強學會以圖自強。次年，任上海時務報主筆，著變法通議，西學書目表，力倡廢科舉，與學校，全國爲之震動。次年，任湖南時務學堂講席，提倡科學，注重時務，是爲現代新式學校之濫觴。范源濂蔡鍔等咸就學焉。光緒二十四年戊戌，入

近代中国新教育的主动者梁启超先生

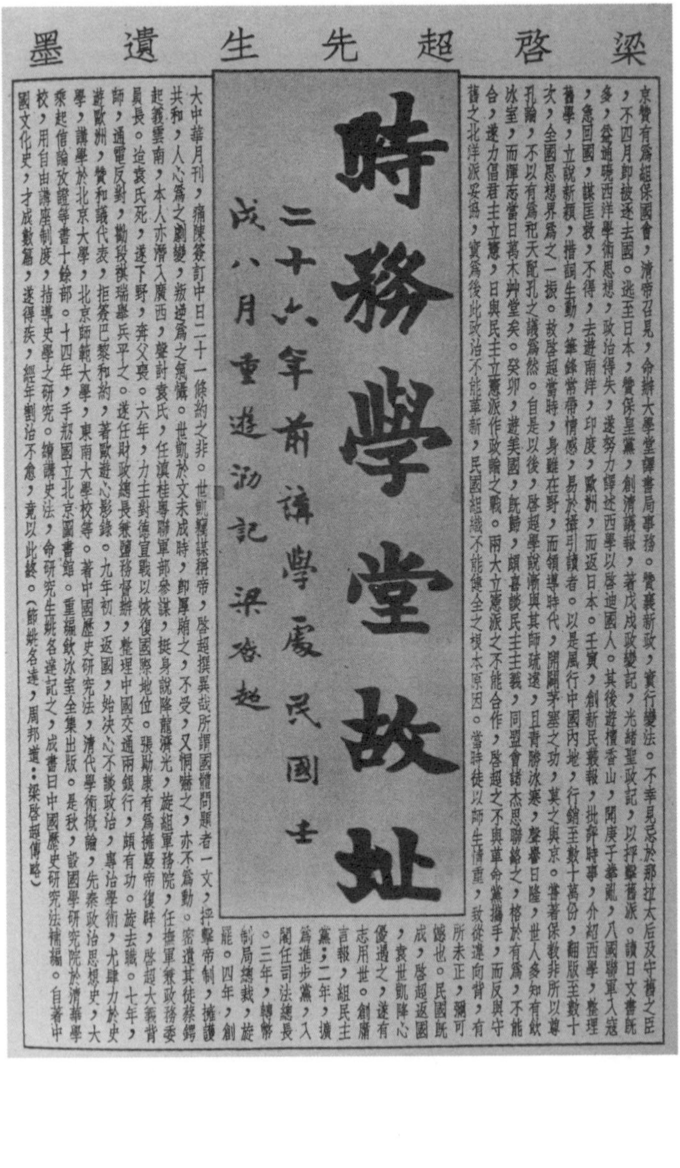

梁啓超先生遺墨

時務學堂故址

二十六年前講學處 民國壬戌八月重遊泐記 梁啓超

京贊有為組保國會，清帝召見，命辦大學堂譯書局事務。贊襄新政，實行變法。不幸見忌於那拉太后及守舊之臣，不四月即被逐去國。逃至日本，贊保皇黨，創清議報，著戊戌政變記，光緒聖政記，以抨擊舊派。讀日文書既多，益通曉西洋學術思想，政治得失，遂努力譯述西學以啓迪國人。其後遊檀香山，聞庚子拳亂，八國聯軍入寇，急回國，謀匡救，不得，去遊南洋，印度，歐洲，而返日本。壬寅，創新民叢報，批評時事，介紹西學，整理舊學，立說新穎，措詞生動，筆鋒常帶情感，易於攝引讀者。以是風行中國內地，行銷至數十萬份，翻版至數十次，全國思想界為之一振。故啓超當時，身雖在野，而領導時代，開闢茅塞之功，莫之與京。嘗著保教非所以尊孔論，不以有為祀天配孔之議為然。自是以後，啓超學說漸與其師疏遠，且青勝冰寒，聲譽日隆，世人多知有飲冰室，而渾忘當日萬木艸堂矣。癸卯，遊美國，既歸，頗喜談民主主義，同盟會諸杰思聯絡之，格於有為，不能合，遂力倡君主立憲，日與民主立憲派作政論之戰。兩大立憲派之不能合作，啓超之不與革命黨攜手，而反與守舊之北洋派妥協，實為後此政治不能革新，民國組織不能健全之根本原因。當時徒以師生情重，致從違向背，有所未正，猶可諉也。民國既成，啓超返國，袁世凱降心優遇之，遂有志用世。創庸言報，組民主黨；二年，擴為進步黨，入閣任司法總長。三年，轉幣制局總裁，旋罷。四年，創大中華月刊，痛陳簽訂中日二十一條約之非。世凱謀稱帝，啓超撰異哉所謂國體問題者一文，抨擊帝制，擁護共和，人心為之劇變，叛逆為之氣懾。世凱於文未成時，即厚賄之，不受，又恫嚇之，亦不為動。密遣其徒蔡鍔起義雲南，本人亦潛入廣西，聲討袁氏，任滇桂粵聯軍部參謀，挺身說降龍濟光，旋組軍務院，任撫軍兼政務委員長。迨袁氏死，遂下野，奔父喪。六年，力主對德宣戰以恢復國際地位。張勛康有為擁廢帝復辟，啓超大義背師，通電反對，勸段祺瑞舉兵平之。遂任財政總長兼鹽務督辦，整理中國交通兩銀行，頗有功。旋去職。七年，遊歐洲，贊和議代表，拒簽巴黎和約，著歐遊心影錄。九年初，返國，始決心不談政治，專治學術，尤肆力於史學，講學於北京大學，北京師範大學，東南大學校等。著中國歷史研究法，清代學術概論，先秦政治思想史，大乘起信論攷證等書十餘部。十四年，手創國立北京圖書館。重編飲冰室全集出版。是秋，設國學研究院於清華學校，用自由講座制度，指導史學之研究。續講史法，命研究生姚名達記之，成書曰中國歷史研究法補編。自著中國文化史，才成數篇，遂得疾，經年醫治不愈，竟以此終。（節姚名達，周邦道：梁啓超傳略）

是为现代新式学校之滥觞。范源濂、蔡锷等咸就学焉。光绪二十四年戊戌（1898年），入京赞有为组保国会，清帝召见，命办大学堂、译书局事务。赞襄新政，实行变法。不幸见忌于那拉太后及守旧之臣，不四月即被逐去国。逃至日本，赞保皇党，创《清议报》，著《戊戌政变记》《光绪圣政记》，以抨击旧派。读日文书既多，益通晓西洋学术思想、政治得失，遂努力译述西学以启迪国人。其后游檀香山，闻庚子（1900年）拳乱，八国联军入寇，急回国，谋匡救，不得，去游南洋、印度、欧洲，而返日本。壬寅（1902年），创《新民丛报》，批评时事，介绍西学，整理旧学，立说新颖，措词生动，笔锋常带情感，易于摄引读者。以是风行中国内地，行销至数十万份，翻版至数十次，全国思想界为之一振。故启超当时，身虽在野，而领导时代，开辟茅塞之功，莫之与京。尝著《保教非所以尊孔论》，不以有为祀天配孔之议为然。自是以后，启超学说渐与其师疏远，且青胜冰寒，声誉日隆，世人多知有饮冰室，而浑忘当日万木草堂矣。癸卯（1903年），游美国，既归，颇喜谈民主主义，同盟会诸杰思联络之，格于有为，不能合，遂力倡君主立宪，日与民主立宪派作政论之战。两大立宪派之不能合作，启超之不与革命党携手，而反与守旧之北洋派妥协，实为后此政治不能革新、民国组织不能健全之根本原因。当时徒以师生情重，致从违向背，有所未正，弥可憾也。民国既成，启超返国，袁世凯降心优遇之，遂有志用世。创《庸言报》，组民主党。二年（1913年），扩为进步党，入阁任司法总长。三年，转币制局总裁，旋罢。四年，创《大中华》月刊，痛陈签订中日二十一条约之非。世凯窃谋称帝，启超撰《异哉！所谓国体问题者》一文，抨击帝制，拥护共和，人心为之剧变，叛逆为之气慑。世凯于文未成时，即厚贿之，不受，又恫吓之，亦不为动。密遣其徒蔡锷起义云南，本人亦潜入广西，声讨袁氏，任滇桂粤联军部参谋，挺身说降龙济光，旋组军务院，任抚军兼政务委员长。迨袁氏死，遂下野，奔父丧。六年，力主对德宣战以恢复国际地位。张勋、康有为拥废帝复辟，启超大义背师，通电反对，劝段祺瑞举兵平之。遂任财政总长兼盐务督办，整理中国、交通两银行，颇有功。旋去职。七年，游欧洲，赞和议代表，拒签《巴黎和约》，著《欧游心影录》。九年初，返国，始决心不谈政治，专治学术，尤肆力于史学，讲学于北京大学、北京师范大学、东南大学校等。著《中国历史研究法》《清代学术概论》《先秦政治思想史》《大乘起信论考证》等书十余部。十四年，手创国立北京图书馆。重编《饮冰室全集》出版。是秋，设国学研究院于清华学校，用自由讲座制度，指导史学之研究。续讲史法，命研究生姚名达记之，成书曰《中国历史研究法补编》。自著《中国文化史》，才成数篇，遂得疾，经年割治不愈，竟以此终。（节姚名达、周邦道《梁启超传略》）

原载《中华教育界》二十三卷第十一期，
一九三六年五月

专攻哲学，身殉教育之名教授刘伯明先生

君讳经庶，字伯明，后以字行，世为山东某县人，某世祖始移居江宁。君幼聪迈，读书异常儿。比成童，学于汇文书院，遂精通中西文，卓然为高才生；卒业，得文学士学位。东游日本，充中国留学生青年会干事。清宣统三年（1911 年），游学美国，入西北大学研究院，攻哲学及教育。民国二年（1913 年），著《华人心性论》，得硕士学位。越二年，著《老子哲学》，得博士学位，时君年仅二十有九。会汇文已改称金陵大学，校长包文素契君，延君为国文部主任，教授哲学及哲学史、文学、教育学等，声光晔然，侪偶耸敬。同时，江君谦长南京高等师范学校，延君兼教伦理、哲学、言语学诸课。民国八年，君遂辞金陵大学教席，

劉伯明先生

專攻哲學身殉教育之名教授

近代中國教育人物像傳之一 ——傳 任敢 輯

君諱經庶，字伯明，後以字行，世爲山東某縣人，某世祖始移居江寧。君幼聰慧，讀書異常兒。比成童，學於匯文書院，遂精通中西文，卓然爲高才生；卒業，得文學士學位。東遊日本，充中國留學生青年會幹事。清宣統三年，遊學美國，入西北大學研究院，攻哲學及教育。民國二年，著華人心性論，得碩士學位；越二年，著老子哲學，得博士學位，時君年僅二十有九。會匯文已改稱金陵大學，校長包文素契君，延君爲國文部主任，教授哲學及哲學史，文學，教育學等，聲光嘩然，儕偶聳敬。同時，江君謙長南京高等師範學校，延君兼教倫理，哲學，言語學諸課。民國八年，君遂辭金陵大學教席，專任高師訓育主任及文史地部主任。十年，改南京高等師範學校爲東南大學，設校長辦公處，以君副，擘畫措注，君力爲多。講學不勌，東南大師，奉爲魁宿。君秉考沛然公之教，熟復經籍。旅日時，與章太炎先生遊，治說文及諸子；故於國學，至有根柢。其試博士論文，爲美國勞威爾教授所激賞，詫爲哲學界之傑作。其於異域文字，以英文功力最深；嗣治法德二國文字，率以暑假數月，通其大義，閱哲理書，洞然無閡。又嘗就芝加哥大學暑假學校習希臘文及梵文，同學者咸服其敏銳。其於哲學家言，無所不覽；尤嗜柏拉圖及斯賓諾薩之學說。力持人文主義，以救今之倡實用主義者之弊。君所譯著，有思維術一卷，所講授，有西洋古代中世哲學史大綱一卷，近代西洋哲學史大綱一卷。其文章散見於新教育，少年中國諸雜誌者甚夥，尤以學衡雜誌中諸文爲其生平刻意之作。其論學風及論學者之精神，鍼砭時弊獨至。君少而熱心國事，旅日時，嘗入同盟會與聞革命之謀。英佔片馬，留學生組織國民公會，君草英文宣言，極慷慨激昂之致。清社既屋，民黨多居高位，君獨赴美求學，有勸以入政府任外交者，君笑謝之。既自美歸，壹志教育，嫉世之勢豪如土苴。然其勉學者，則期其於闇修力學之時，兼究心於國家及社會事業，不可徒爲一種專門學問，而視國家社會若秦人視越人之肥瘠。君外和而內嚴，意有不可，力持，不爲羣說所動。其在學校諄諄教學者，以植身行己，樹立節操，不可同流合污。學者爲其人格所化，多心悅誠服。居金陵大學講席時，學者謂全校教職中有三君子，君其首也。有美國學生都愛華者，從君治中國哲學，自謂在中美兩國所遇良師至多，惟君爲冠。君少寒素，遇貧苦力學之士，扶植甚力。於東南大學創貸金助學法，首以君考沛然公之遺金爲之倡。病時喃喃獨自語曰，某科某系；曰南京之貧人太多，奈何！君夫人視其疾，君詰之曰，汝某系之學生乎？噫，如君者，可謂以身殉教育者矣！（節郭秉文所爲傳）

专攻哲学，身殉教育之名教授刘伯明先生

专任高师训育主任及文史地部主任。十年，改南京高等师范学校为东南大学，设校长办公处，以君副，擘画措注，君力益勚。讲学不倦，东南大师，奉为魁宿。君秉考沛然公之教，熟复经籍。旅日时，与章太炎先生游，治《说文》及诸子，故于国学，至有根柢。其试博士论文，为美国劳威尔教授所激赏，诧为哲学界之杰作。其于异域文字，以英文功力最深；嗣治法、德二国文字，率以暑假数月，通其大义，阅哲理书，洞然无阂。又尝就芝加哥大学暑假学校习希腊文及梵文，同学者咸服其敏锐。其于哲学家言，无所不览，尤嗜柏拉图及斯宾诺萨[①]之学说。力持人文主义，以救今之倡实用主义者之弊。君所译著，有《思维术》一卷，所讲授，有《西洋古代中世哲学史大纲》一卷，《近代西洋哲学史大纲》一卷。其文章散见于《新教育》《少年中国》诸杂志者甚夥，尤以《学衡》杂志中诸文为其生平刻意之作。其论学风及论学者之精神，针砭时弊独至。君少而热心国事，旅日时，尝入同盟会与闻革命之谋。英占片马，留学生组织国民公会，

① 斯宾诺萨，今译“斯宾诺莎”，荷兰哲学家。——编者注

君草英文宣言，极慷慨激昂之致。清社既屋，民党多居高位，君独赴美求学，有劝以入政府任外交者，君笑谢之。既自美归，一志教育，嫉世之势豪如土苴。然其勉学者，则期其于暗修力学之时，兼究心于国家及社会事业，不可徒为一种专门学问，而视国家社会若秦人视越人之肥瘠。君外和而内严，意有不可，力持不为群说所动。其在学校，谆谆教学者以植身行己，树立节操，不可同流合污。学者为其人格所化，多心悦诚服。居金陵大学讲席时，学者谓全校教职中有三君子，君其首也。有美国学生都爱华者，从君治中国哲学，自谓在中美两国所遇良师至多，惟君为冠。君少寒素，遇贫苦力学之士，扶植甚力。于东南大学创贷金助学法，首以君考沛然公之遗金为之倡。病时，喃喃独自语曰某科某系；曰南京之贫人太多，奈何！君夫人视其疾，君诘之曰，汝某系之学生乎？噫，如君者，可谓以身殉教育者矣！（节郭秉文所为传）

原载《中华教育界》二十三卷第十一期，

一九三六年五月

科学教育家胡明复先生

胡明复氏为我国崛起之数理专家，而富有教育理想之名教授也。生于清光绪十七年（1891年），名达，明复其字，后遂以字行。世居江苏无锡县堰桥镇。父壹修，生子三，长敦复，幼刚复，氏为其次；先后留美得博士学位。氏秉资颖悟，沉默寡言，而治学所嗜，辄深究精进。年十岁，肄业上海南洋公学之附属小学，明年，升中院。旋习商于宜兴，郁郁非所愿，君恒手不释卷，尤嗜西文。后岁余，入上海中等商业学堂，由是学业孟晋，每试冠曹；毕业后，入南京高等商业专门学堂；将毕业，得清华学校考送留学之选，赴美入康乃耳大学①，时年二十。

① 康乃耳大学，今译“康奈尔大学”。——编者注

科學教育家

胡明復先生

近代中國教育人物像傳之一——傳任敢輯

胡明復氏爲我國崛起之數理專家，而富有教育理想之名教授也。生於清光緒十七年，名達，明復其字，後遂以字行。世居江蘇無錫縣堰橋鎮。父壹修，生子三，長敦復，幼剛復，氏爲其次；先後留美得博士學位。氏稟資穎悟，沉默寡言，而治學所嗜，輒深究精進。年十歲，肄業上海南洋公學之附屬小學，明年，升中院。旋習商於宜興，鬱鬱非所願，君恆手不釋卷，尤嗜西文。後歲餘，入上海中等商業學堂，由是學業孟晉，每試冠曹；畢業後，入南京高等商業專門學堂；將畢業，得清華學校考送留學之選，赴美入康乃耳大學，時年二十。氏本專攻商科，於商業學術具有根柢，至是復改攻數理，刻苦研究，不遺餘力，爲全校欽服，得有各譽獎牌。厥後，又入哈佛大學，繼續努力，卒以研究高等數學解釋問題，得有哲學博士學位，年僅廿有六。繼以我國科學幼稚，坐致貧弱，社會既漠然弗顧，而後然爲學者，愈不可不引爲己責。於是集合同志任叔永，趙元任，楊杏佛及弟剛復等，在美發起中國科學社，並發行刊物科學以爲之倡。關於編輯校讎，均親任之；一切設施，亦必經其擘劃，十餘年負責如一日。科學社聞名海內，克有今日，氏多與有功焉。其助兄敦復辦理大同大學，頗著成績，同時擔任該校及交通部上海交通大學，國立東南大學商科等校教授，課至繁重，而其講學循循善誘，從無倦容。民國十六年，革命軍抵江蘇，任氏爲上海政治分會教育委員會委員；任職兩月，頗多建樹，卒以不能盡量展其夙志，遂辭去。同年六月，以事返里，泅水淹歿。氏生平自強不息，其任事尤克勤厥職，故於逝世之第二日，滬校之學生，方謝其第一次之缺課也。春秋三十有七。

（節教育大辭書胡明復條）

氏本专攻商科，于商业学术具有根柢，至是复改攻数理，刻苦研究，不遗余力，为全校钦服，得有名誉奖牌。厥后，又入哈佛大学，继续努力，卒以研究高等数学解释问题，得有哲学博士学位，年仅廿有六。继以我国科学幼稚，坐致贫弱，社会既漠然弗顾，而侈然为学者，愈不可不引为己责。于是集合同志任叔永、赵元任、杨杏佛及弟刚复等，在美发起中国科学社，并发行刊物《科学》以为之倡。关于编辑校雠，均亲任之；一切设施，亦必经其擘画，十余年负责如一日。科学社闻名海内，克有今日，氏多与有功焉。其助兄敦复办理大同大学，颇著成绩，同时担任该校及交通部上海交通大学、国立东南大学商科[①]等校教授，课至繁重，而其讲学循循善诱，从无倦容。民国十六年（1927 年），革命军抵江苏，任氏为上海政治分会教育委员会委员；任职两月，颇多建树，卒以不能尽量展其夙志，遂辞

① 核钱树玉的《胡明复传略》，此处的“国立东南大学商科”应为“国立东南大学、上海商科大学”。——编者注

去。同年六月，以事返里，泗水淹殁。氏生平自强不息，其任事尤克勤厥职，故于逝世之第二日，沪校之学生，方讶其第一次之缺课也。春秋三十有七。（节《教育大辞书》“胡明复”条）

原载《中华教育界》二十三卷第十一期，

一九三六年五月

江西教育先进陈衡恪先生

陈衡恪，字师曾，别号朽道人，江西义宁（今修水县）人。生于光绪二年（1876年）二月十七，祖宝箴，湖南巡抚；父三立，吏部主事，即今世所称之散原先生也。生五岁，母罗太淑人卒，鞠于祖母。少敏慧，有神童誉。及长，游学日本，毕业东京高等师范学校博物科。归国后，历任南通、长沙师范学校教员。民国二年（1913年）秋，教育部聘为编审，复兼任北平高等师范学校及美术学校博物图画科教授。君精于书画，善刻印，海内外治艺术者，争推重之。岁癸亥（1923年），以继母俞太淑人寝疾，溽暑驰归金陵（今属南京），亲侍汤药。竟于是年八月初七日哀毁致病卒，得年四十有八。散原

陳衡恪先生

江西教育先進

近代中國教育人物像傳之一 —傳 任敢輯

陳衡恪，字師曾，別號朽道人，江西義寧人。生於光緒二年二月十七，祖寶箴，湖南巡撫；父三立，吏部主事，即今世所稱之散原先生也。生五歲，母羅太淑人卒，鞠於祖母。少敏慧，有神童譽。及長，遊學日本，畢業東京高等師範學校博物科。歸國後，歷任南通長沙師範學校教員。民國二年秋，教育部聘為編審，復兼任北平高等師範學校及美術學校博物圖畫科教授。君精於書畫，篆刻印，海內外治藝術者爭推重之。歲癸亥，以繼母俞太淑人寢疾，溽暑，馳歸金陵，親侍湯藥。竟於是年八月初七日哀毀致病卒，得年四十有八。散原先生自撰傳狀以傷之。湘潭袁思亮已為之序而銘其基，故不具錄。所著詩若干首，已刊行於世。

江西教育先进陈衡恪先生

先生自撰传状以伤之。湘潭袁思亮已为之序而铭其墓，故不具录。所著诗若干首，已刊行于世。

原载《中华教育界》二十三卷第十一期，
一九三六年五月

努力义务教育的袁希涛先生

君讳希涛，字观澜，江苏宝山（今属上海）人。幼即岐嶷，长而勤学，喜读史暨古名人传记。为秀才时，肄业上海龙门书院，攻研宋明理学及经世之学，以为立身行事之本。家贫，恒挟书讲授淞沪间。丁酉（1897年）举于乡，为广方言馆教习六载，学益进，教人循循然，主人格感化，诸生翕然宗之。庚子乱后，朝野竞言变法，君则推本于教育之普及，于是在宝山创设蒙学、县学以为倡，徒步各镇劝学。君生平所志，定于是矣。甲辰（1904年）与同志商改龙门书院为师范学校，先赴日本考察，明年师范学校成立。继复筹设复旦公学、太仓州中学，而身为教员或监督。又尝一充江苏学务议绅，凡兴

努力義務教育的

袁希濤先生

近代中國教育人物像傳之一—傳任敢輯

君諱希濤，字觀瀾，江蘇寶山人。幼即岐嶷，長而劬學，喜讀史暨古名人傳記。爲秀才時，肄業上海龍門書院，攻研宋明理學及經世之學，以爲立身行事之本。家貧，恆挾書講授淞滬間。丁酉舉於鄉，爲廣方言館教習六載，學益進，教人循循然，主人格感化，諸生翕然宗之。庚子亂後，朝野競言變法，君則推本於教育之普及，於是在寶山創設蒙學縣學以爲倡，徒步各鎮勸學。君生平所志，定於是矣。甲辰與同志商改龍門書院爲師範學校，先赴日本考察，明年師範學校成立。繼復籌設復旦公學，太倉州中學，而身爲教員或監督。又嘗一充江蘇學務議紳，凡與學計畫，靡役不與。直隸提學使傅君增湘聞其名，聘任科長三載，遍歷河北州縣，多所擘畫，譽聞益廣。辛亥革命，南歸任江蘇都督府民政司總務科科長。旋入京，爲教育部普通司司長，釐訂學制，主以高等師範學校歸國立，於北京，南京，武昌三校致力尤多，今皆改爲大學，君實其先河也。改官視學，巡察各省教育；繼任次長，在位四年，三代部務。君雖歷躋顯要，而淡於論政，惟於教育孜孜不倦。初，北京大學學風頹敝，君白政府聘蔡先生元培爲之長，又草定全國義務教育計畫，於今宗之。上海同濟學校初爲德人經營，參戰之際，君任國際事務委員會委員，力爭收歸國立，遷校吳淞，爲東南學府之一。歐戰甫竣，思想銳變，特組織歐美教育參觀團，歷美國二十餘州，歐洲十餘邦，而歸爲書數十萬言，於義務教育尤詳。

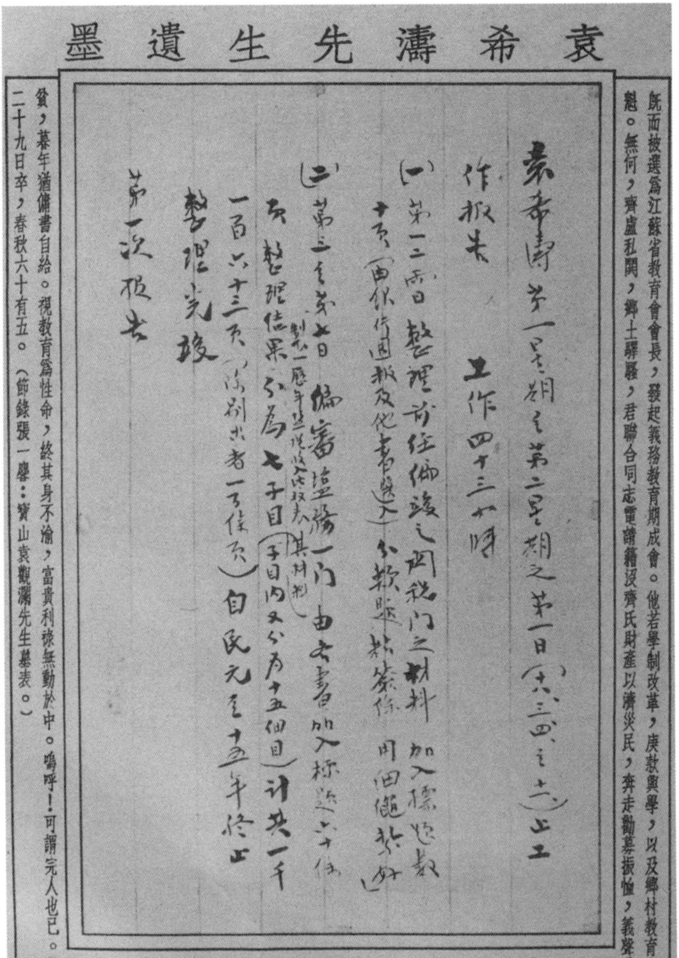

袁希濤先生遺墨

袁希濤第一星期至第二星期之第一日（十六、三、四至十二）止工作報告
工作四十三小時

既而被選爲江蘇省教育會會長，發起義務教育期成會。他若學制改革，庚款興學，以及鄉村教育之倡導，率爲之魁。無何，齊盧釁開，鄉土騷擾，君聯合同志電請籍沒齊氏財產以濟災民，奔走勸募振恤，義聲震遐邇。君既不得行其志於國，乃期諸一鄉一邑。寶山爲君最初宜勞地，尤君心力所萃，全縣土地清丈既由君手告成，而教育，農業，路政并力推進，期臻自治之模範。政變方亟，而地方事無鉅細，悉以諮於君，君則爲公盡瘁，未嘗以世俗毀譽自撓。不幸積勞而病，病而不起，悲夫。君好遊，足跡徧名山大川，登五嶽，所至勤求民隱。性仁慈，急公義，慨然以利濟自任，而己則長貧，暮年猶傭書自給。視教育爲性命，終其身不渝，富貴利祿無動於中。嗚呼！可謂完人也已。民國十九年八月二十九日卒，春秋六十有五。（節錄張一麐：寶山袁觀瀾先生墓表。）

学计划，靡役不与。直隶提学使傅君增湘闻其名，聘任科长三载，遍历河北州县，多所擘画，声闻益广。辛亥革命，南归任江苏都督府民政司总务科科长。旋入京，为教育部普通司司长，厘定学制，主以高等师范学校归国立，于北京、南京、武昌三校致力尤多，今皆改为大学，君实其先河也。改官视学，巡察各省教育；继任次长，在位四年，三代部务。君虽历跻显要，而淡于论政，惟于教育孜孜不倦。初，北京大学学风颓敝，君白政府聘蔡先生元培为之长，又草定全国义务教育计划，于今宗之。上海同济学校初为德人经营，参战之际，君任国际事务委员会委员，力争收归国立，迁校吴淞，为东南学府之一。欧战甫寝，思想锐变，特组织欧美教育参观团，历美国二十余州、欧洲十余邦，而归为书数十万言，于义务教育尤详。既而被选为江苏省教育会会长，发起义务教育期成会。他若学制改革、庚款兴学，以及乡村教育之倡导，率为之魁。无何，齐卢私哄，乡土驿骚，君联合同志电请籍没齐氏财产以济灾民，奔走劝募振恤，义声震遐迩。君既不得行其志于国，乃期诸一乡一邑。宝山为君最初宣劳地，尤君心力所萃，全县土地清丈既由君手告成，而教育、农业、路政并力推进，期臻自治之模范。政变方亟，而地方事无巨细，悉以咨于君，君则为公尽瘁，未尝以世俗毁誉自挠。不幸积劳而病，病而不起，悲夫。君好游，足迹遍名山大川，登五岳，所至勤求民隐。性仁慈，急公义，慨然以利济自任，而己则长贫，暮年犹佣书自给。视教育为性命，终其身不渝，富贵利禄无动于衷。呜呼！可谓完人也已。民国十九年（1930年）八月二十九日卒，春秋六十有五。（节录张一麐撰《宝山袁观澜先生墓表》）

原载《中华教育界》二十三卷第十二期，
一九三六年六月

福建教育先进林长民先生

公讳长民，字宗孟，福建闽侯人也。留学日本十余年，得早稻田大学政学士。前清末叶，伪宪蒙民，公适归国，慨然于国民程度之低劣，决从事政治教育以为根本之图。乃却四方之聘，就闽官立法政学堂教务长，厘定学则，革除积习，成绩卓然。顾以少年锐进，为当事者所不喜，疑忌者更从而谗构之，公遂去职。时各省有谘议局之设。九府二州，贤俊毕集闽垣。愤公之热心致败，而官校腐败，不足以有为也，乃相与创设私立法政专门学校及附属中学校，推公为校长。一时闻风来学者，达数百人，苦心擘画，惨淡经营，不数月而一切规程悉具。未几，国政鼎革，公被选为众议院议员，兼任秘书

福建教育先進

林長民先生

近代中國教育人物像傳之一 —傳 任敢 蝌

公諱長民，字宗孟，福建閩侯人也。留學日本十餘年，得早稻田大學政學士。前清末葉，倡憲蒙民，公適歸國，慨然於國民程度之低劣，決從事政治教育以爲根本之圖。乃卻四方之聘，就閩官立法政學堂教務長，釐訂學則，革除積習，成績卓然。顧以少年銳進，爲當事者所不喜；疑忌者更從而讒構之；公遂去職。時各省有諮議局之設。九府二州，賢俊畢集閩垣。憤公之熱心致敗，而官校腐敗，不足以有爲也，乃相與籌設私立法政專門學校及附屬中學校，推公爲校長。一時聞風來學者，達數百人，苦心擘畫，慘淡經營，不數月而一切規程悉具。未幾，國政鼎革，公被選爲衆議院議員，兼任秘書長。自後常留北京，奔走國事；然校中大事仍遙決焉。且年籌巨費，以資維持。同時，各省私立法政學校之成立者，不下十數，然皆不一二年，或三四年，相率閉歇。惟玆校至今猶存，現且升格爲福建學院，而日在發展中，皆公之力也。民國十四年，公遊歷歐美歸，欲以視察研究所得，改造學校，乃謀擴充爲福建大學。計畫甫有端倪，而公竟衛新民屯之難，棄學校而長逝矣！校中學生，及卒業生不下數千人，聞耗，莫不痛悼流涕，以爲失所瞻依。而偉業未就，爲公惜，更爲教育界前途惜也。公既歿，其家屬仰體遺意，以所藏雙栝廬圖書萬有餘冊，捐贈本校爲山圖書館，爲館中最有價值最有歷史之部份焉。當公之在北京也，效力國事之餘，尤注意教育文化事業。曾任中國大學校長，辦新亞洲文明協會，又常以言論指導青年，極爲時論所推許云。（錄郭公木：林長民傳略。）

福建教育先进林长民先生

长。自后常留北京，奔走国事，然校中大事仍遥决焉。且年筹巨费，以资维持。同时，各省私立法政学校之成立者，不下十数，然皆不一二年，或三四年，相率闭歇。惟兹校至今犹存，现且升格为福建学院，而日在发展中，皆公之力也。民国十四年（1925年），公游历欧美归，欲以视察研究所得，改造学校，乃谋扩充为福建大学。计划甫有端倪，而公竟殉新民屯之难，弃学校而长逝矣！校中学生及卒业生，不下数千人，闻耗，莫不痛悼流涕，以为失所瞻依。而伟业未就，为公惜，更为教育界前途惜也。公既殁，其家属仰体遗意，以所藏“双括庐”图书万有余册，捐赠本校乌山图书馆，为馆中最有价值最有历史之部分焉。当公之在北京也，效力国事之余，尤注意教育文化事业。曾任中国大学校长，创办亚洲文明协会，又常以言论指导青年，极为时论所推许云。（录郭公木编《林长民传略》）

原载《中华教育界》二十三卷第十二期，

一九三六年六月

参订《钦定学堂章程》的清末管学大臣荣庆先生

荣庆，字华卿，鄂卓尔氏，蒙古正黄旗人。光绪九年（1883 年）会试中式，十二年成进士，以编修充镶蓝旗管学官。累迁至内阁学士、蒙古学士，擢鸿胪卿，转通政副使，简山东学政。二十七年擢大理卿，署仓场侍郎，兼政务处提调。二十八年授刑部尚书。时清廷锐志维新，七月十二日，管学大臣张百熙进呈《全学堂章程折》，奉旨照准。二十九年因张之请，命张之洞、荣庆，会同张百熙，重行厘定，会疏《重订学堂章程折》。十一月，奉旨公布，称《钦定学堂章程》。初，荣庆副张百熙为管学大臣也，百熙一意更新，荣庆时以旧学调剂之，故"中体西用"之说，盛于一时。而《学务纲要》中，

參訂欽定學堂章程的清末管學大臣

榮慶先生

近代中國教育人物像傳之一
——傅任敢輯

榮慶，字華卿，鄂卓爾氏，蒙古正黃旗人。光緒九年會試中式，十二年成進士，以編修充鑲藍旗管學官。累遷至內閣學士，蒙古學士，擢鴻臚卿，轉通政副使，簡山東學政。二十七年擢大理卿，署倉場侍郎，兼政務處提調。二十八年授刑部尚書。時清廷銳志維新，七月十二日，管學大臣張百熙進呈全學堂章程摺，奉旨照准。二十九年因張之請，命張之洞，榮慶，會同張百熙，重行釐訂，會疏重訂學堂章程摺。十一月，奉旨公佈，稱欽定學堂章程。初，榮慶副張百熙為管學大臣也，百熙一意更新，榮慶時以舊學調劑之，故中體西用之說，盛於一時。而學務綱要中，如：重讀經以存聖教，不得廢棄中國文辭以便讀古來經籍，戒用外國名詞以端士風，諸條，皆出慶意。既而，榮慶充會試副考官，經濟特科閱卷大臣，旋調禮部尚書，復調戶部，拜軍機大臣，政務大臣。嘗疏陳：國家取材，滿漢並重，請飭下閣，部，將所屬滿員嚴加考試，設館，課以掌故，吏治，時務之學，尤以御製勸善要言，人臣儆心錄，性理精義，上諭八旗諸書為居官立身之大本；均令分門學習，劄記大綱，以規其才識。疏入，報聞。三十一年協辦大學士，冬，改學部尚書，宣統元年調禮部，歿於民元，年五十八。（錄金桂孫榮慶傳略）

如：重读经以存圣教、不得废弃中国文辞以便读古来经籍、戒用外国名词以端士风诸条，皆出庆意。既而，荣庆充会试副考官、经济特科阅卷大臣，旋调礼部尚书，复调户部，拜军机大臣、政务大臣。尝疏陈："国家取材，满汉并重，请饬下阁、部，将所属满员严加考试，设馆，课以掌故、吏治、时务之学，尤以《御制劝善要言》《人臣儆心录》《性理精义》《上谕八旗》诸书为居官立身之大本；均令分门学习，札记大纲，以觇其才识。"疏入，报闻。三十一年协办大学士，冬，改学部尚书，宣统元年（1909年）调礼部，殁于民元（1912年），年五十八。（录金桂荪编《荣庆传略》）

原载《中华教育界》二十四卷第一期，
一九三六年七月

科学社发起人、中央研究院总干事
杨铨先生

君名铨，江西清江县（今樟树市）人，杏佛其字也。父永昌，字景周，曾官徽州。母刘氏。君以清光绪十九年（1893 年）生于江西玉山县，行五。六岁即读书私塾。性好动，酷爱玩具小刀、小枪、小人马之属，常向父母索资购置，得则一一拆散，复自拼合再造。十三岁，值父赋闲居，艰于生计，家中百事，均赖母氏躬亲作苦；于是感念，不复嬉戏，昼则苦读，夕归必代母操作，故父母甚爱之。喜读《申报》，恒以时事告弟妹为谈助，而其关心社会事业，亦自此始。稍长，入上海中国公学肄业，时清政窳败，君即从事革命运动，入同盟会为会员。辛亥光复，君与其役。南京政府肇建，任总统府秘

科學社發起人中央研究院總幹事

楊銓先生

近代中國教育人物像傳之一——傅任敢輯

君名銓，江西清江縣人，杏佛其字也。父承昌，字景周，曾官徽州。母劉氏。君以清光緒十九年生於江西玉山縣，行五。六歲即讀書私塾。性好動，酷愛玩具小刀小槍小人馬之屬，常向父母索貲購置，得則一一拆散，復自拼合再造。十三歲，值父賦閑居，艱於生計，家中百事均賴母氏躬親作苦；於是感念，不復嬉戲，晝則苦讀，夕歸必代母操作，故父母甚愛之。喜讀申報，恆以時事告弟妹為談助，而其關心社會事業亦自此始。稍長，入上海中國公學肄業，時清政窳敗，君即從事革命運動，入同盟會為會員。辛亥光復，君與其役。南京政府肇建，任總統府秘書。民國二年，以贊助革命有功，由稽勛局派赴美國入康乃耳大學習機械工程學。留美時，月必節省所得官費寄家，為兩親甘旨之奉。君以吾國不振，實由國人乏科學修養，乃與同志胡明復輩十數人組織中國科學社，以促進國內科學工作為事，盡力社務二十年，未嘗少間。君畢業康乃耳後，復入哈佛大學研究工商管理法。民國七年始歸國，入漢冶萍煤鐵公司，負改進會計制度之責。嗣任南京高等師範學校教授兼商科主任，旋改任工科教授及工廠管理之職。師範學校改東南大學後，仍任工科教授。在校每持正論，不畏強禦，因主張改派校長事去職。賄選政府崩潰後，君隨總理北上，任秘書。總理逝世後，為總理葬事籌備處總幹事。斯時江南一隅，尚在軍閥勢力之下，君雖籌畫陵墓事，仍努力於秘密革命工作，北伐軍所以在上海成功如彼其速者，君之預備工作與有力焉。國民政府成立後，君任上海政治分會委員。當是時各方勢力衝突無寧日，賴君調停其間，革命之基礎卒得鞏固。君尋任清理招商局之職，一切出以大公。民國十六年，任大學院教育行政處主任，旋改副院長。十七年，中央研究院成立，蔡孑民先生為院長，君任總幹事，六年之中君為院事竭智盡忠，備嘗艱苦，研究院之得有今日者，蔡先生之功，亦君之力也。二十一年春，十九路軍抗日於淞滬，君發起技術合作委員會，輔助軍隊準備後方工作。又創傷兵醫院，於戰事協助甚大。近與孫夫人宋慶齡女士組織中國民權保障大同盟，以保障人民之生命自由為職志，且從事拯救被逮之政治犯。民國二十二年六月十八日清晨，方偕長子出遊，遇暴徒數人狙擊於中央研究院國際出版品交換處門前，鎗中要害，旋即棄世，享年四十有一。君賦性豪爽，待人誠摯；平生尚氣節，憤疾阿世取容之輩，避之如蛇蝎；秉強毅，志之所在，不辭艱險，不苟取，死後家無餘財。君健談，善演說，莊諧雜出，至使受斥者亦為解頤；能詩詞，雖案牘勞形，終不廢吟詠。於經世之學，尤多心得，有杏佛文存及楊杏佛講演集行世，詩詞及其他文字多未刊。有子二，長小佛，肄業中學校，次阿難，方三齡。（錄中央研究院廿二年度總報告唐鉞楊杏佛先生傳略）

科学社发起人、中央研究院总干事杨铨先生

书。民国二年（1913 年），以赞助革命有功，由稽勋局派赴美国入康乃耳大学①习机械工程学。留美时，月必节省所得官费寄家，为两亲甘旨之奉。君以吾国不振，实由国人乏科学修养，乃与同志胡明复辈十数人组织中国科学社，以促进国内科学工作为事，尽力社务二十年，未尝少间。君毕业康乃耳后，复入哈佛大学研究工商管理法。民国七年始归国，入汉冶萍煤铁公司，负改进会计制度之责。嗣任南京高等师范学校教授兼商科主任，旋改任工科教授及工厂管理之职。师范学校改东南大学后，仍任工科教授。在校每持正论，不畏强御，因主张改派校长事去职。贿选政府崩溃后，君随总理北上，任秘书。总理逝世后，为总理葬事筹备处总干事。斯时江南一隅，尚在军阀势力之下，君虽筹划陵墓事，仍努力于秘密革命工作，北伐军所以在上海成功如彼其速者，君之预备工作与有力焉。国民政府成立后，君任上海政治分会委员。当是时，各方势力冲突无

① 康乃耳大学，今译“康奈尔大学”。——编者注

宁日，赖君调停其间，革命之基础卒得巩固。君寻任清理招商局之职，一切出以大公。民国十六年，任大学院教育行政处主任，旋改副院长。十七年，中央研究院成立，蔡孑民先生为院长，君任总干事，六年之中，君为院事竭智尽忠，备尝艰苦，研究院之得有今日者，蔡先生之功，亦君之力也。二十一年春，十九路军抗日于淞沪，君发起技术合作委员会，辅助军队准备后方工作。又创伤兵医院，于战事协助甚大。近与孙夫人宋庆龄女士组织中国民权保障大同盟，以保障人民之生命自由为职志，且从事拯救被逮之政治犯。民国二十二年六月十八日清晨，方偕长子出游，遇暴徒数人狙击于中央研究院国际出版品交换处门前，枪中要害，旋即弃世，享年四十有一。君赋性豪爽，待人诚挚；平生尚气节，愤嫉阿世取容之辈，避之如蛇蝎；素强毅，志之所在，不辞艰险；不苟取，死后家无余财。君健谈，善演说，庄谐杂出，至使受斥者亦为解颐；能诗词，虽案牍劳形，终不废吟咏。于经世之学，尤多心得，有《杏佛文存》及《杨杏佛讲演集》行世，诗词及

其他文字多未刊。有子二，长小佛，肄业中学校，次阿难，方三龄。(录《中央研究院廿二年度总报告》唐钺编《杨杏佛先生传略》)

原载《中华教育界》二十四卷第一期，
一九三六年七月

设立中西大学堂并在上海首先创设华人公立学校的李提摩太先生

李提摩太（Richard Timothy），英国人，一八四五年生于英之威尔斯（Wales）[1]。一八七〇年受英国浸礼会（English Baptist Missionary）之命，来华传教。氏到华之初，传教山东一带；中间曾赴满洲一行。一八七六年山西大饥，氏赴太原散账，负盛名；自后即往来权贵学者间。一八八七年，离山西，转赴北京、天津，任编译工作。一八九一年调赴上海，任职 The Society for the Diffusion of Christian and General Knowledge。氏为外国来华教士中最有贡献于中国之幸福者之一人，与中国重要官吏交往

① 威尔斯（Wales），今译“威尔士”。——编者注

設立中西大學堂並在上海首先刱設華人公立學校的

李提摩太先生

近代中國教育人物像傳之一—傳任敢輯

李提摩太（Richard, Timothy），英國人，一八四五年生於英之威爾斯（Wales）。一八七〇年受英國浸禮會（English Baptist Missionary）之命，來華傳教。氏到華之初，傳教山東一帶；中間曾赴滿洲一行。一八七六年山西大飢，氏赴太原散賑，負威名；自後卽往來權貴學者間　一八八七年，離山西，轉赴北京天津，任編譯工作。一八九一年調赴上海，任職 The Society for the Diffusion of Christian and General Knowledge。氏爲外國來華教士中最有貢獻於中國之幸福者之一人，與中國重要官吏交往甚切，故對於中國維新事業之關係亦最大。庚子亂後，氏卽以賠款在山西設立中西大學堂，旋併爲山西大學堂，並在上海首先刱設華人入學之公立學校（Public School）。氏之英文著作甚少，惟有數種關於佛學之譯文耳。著作行世者有：The Awakening of Faith; Guide to Buddhahood; A Mission to Heaven; Conversion by the Million; Forty-five Years in China (1916)。（據Encyclopedia Sinica）

甚切，故对于中国维新事业之关系亦最大。庚子乱后，氏即以赔款在山西设立中西大学堂，旋并为山西大学堂，并在上海首先创设华人入学之公立学校（Public School）。氏之英文著作甚少，惟有数种关于佛学之译文耳。著作行世者有：*The Awakening of Faith*、*Guide to Buddhahood*、*A Mission to Heaven*、*Conversion by the Million*、*Forty-five Years in China*（1916）。（据 *Encyclopedia Sinica*）

原载《中华教育界》二十四卷第二期，
一九三六年八月

湖北教育先进刘树杞先生

刘树杞先生字楚青，湖北蒲圻县（今赤壁市）人，生于一八九〇年三月十八日。辛亥起义，先生适就学武昌（今湖北鄂州），参加革命工作，迨民国成立，被任为财政部参议。民国二年（1913年）由湖北省官费派赴美国留学，初入意利诺大学[①]攻读，两年后转入密西根大学，民国六年二月，受该校化学工程学士位。同年复入哥伦比亚大学，以求深造，于民国七年二月受化学工程硕士学位。次年六月即获化学工程博士学位。其博士论文题为“应用电解法使铬酸还原”（A Continuous Process for the

① 意利诺大学，今译“伊利诺伊大学”。——编者注

湖北教育先進

劉樹杞先生

近代中國教育人物像傳之一—傳 任敢輯

劉樹杞先生字楚青，湖北，蒲圻縣人，生於一八九〇年三月十八日。辛亥起義，先生適就學武昌，參加革命工作，迨民國成立，被任為財政部參議。民國二年由湖北省官費派赴美國留學，初入意利諾大學攻讀，兩年後轉入密西根大學，民國六年二月，受該校化學工程學士位。同年復入哥倫比亞大學，以求深造，於民國七年二月受化學工程碩士學位。次年六月即獲化學工程博士學位。其博士論文題為『應用電解法使鉻酸還原』(A Continuous process for the Electrolytic Regeneration of Chromic acid from waste Liquors)，當時美國化學工廠，曾有利用其方法者，據統計每月可節省二十萬磅之鉻酸云。先生在美求學期間，並歷任培根化學試驗室，法國駐美化驗室及美國實法化驗室等處之化學師。民國十年一月返國，任廈門大學教務主任，十三年復任理科主任兼正教授。十七年春，國府任命為湖北教育廳長，時值共亂之後，先生規劃改進，不遺餘力，卒使鄂省教育恢復正軌。同時政府並任命為武漢大學籌備主任，亦經先生之慘淡經營，為武大立一穩固基礎。十八年春，辭去職務，請得文化基金甲種研究補助金，再度赴美，專研究製革學及電化工程，當時遂完成其「以電解法製造鈹鋁合金」(electrolytic production of beryllium aluminum alloys) 之不朽發明。此法為近二十年來化學界所認為不易解決之問題，先生經一年之努力研究，竟得有良好結果。其時歐美雜誌與報紙，爭相紀載。此種發明，現已在美國商部註冊，將來或因此引起飛機製造之改進，因現代製造飛機所用之金屬為鋁，而鈹鋁合金較鋁之性質為更輕更堅。關於製革方面，如礦物鞣革，植物鞣革等問題，先生亦均有精確之測定，及新創之學說。十九年夏歸國後，任中央大學化學系主任兼代理理學院長。二十年夏任北京大學研究教授兼理學院長。至二十二年秋罹心臟衰弱症，但指導學生研究工作未稍懈，在美國電化及化工雜誌上，常發表重要論文。(關於先生生平之著述及發明另由北京大學編印專刊。) 先生於是年春間，病勢轉劇，百藥無效，羣醫束手，延至九月十二日晨九時十六分卒於北平協和醫院。享年四十五歲，遺妻及子三女一。(錄科學廿卷一期劉雲浦：劉樹杞先生略傳)

湖北教育先进刘树杞先生

Electrolytic Regeneration of Chromic Acid from Waste Liquors)，当时美国化学工厂，曾有利用其方法者，据统计每月可节省二十万磅之铬酸云。先生在美求学期间，并历任培根化学试验室、法国驻美化验室及美国窦法化验室等处之化学师。民国十年一月返国，任厦门大学教务主任，十三年复任理科主任兼正教授。十七年春，国府任命为湖北教育厅长，……先生规划改进，不遗余力，卒使鄂省教育恢复正轨。同时政府并任命为武汉大学筹备主任，亦经先生之惨淡经营，为武大立一稳固基础。十八年春，辞去职务，请得文化基金甲种研究补助金，再度赴美，专研究制革学及电化工程，当时遂完成其“以电解法制造铍铝合金”(electrolytic production of beryllium aluminum alloys)之不朽发明。此法为近二十年来化学界所认为不易解决之问题，先生经一年之努力研究，竟得有良好结果。其时欧美杂志与报纸，争相记载。此种发明，现已在美国商部注册，将来或因此引起飞机制造之改进，因现代制造飞机所用之金属为铝，而铍铝合金较铝之性质为更轻更坚。关于制革方面，如矿物鞣革、植物鞣革等问题，先生亦均有精确之测定，及新创之学说。十九年夏归国后，任中央大学化学系主任兼代理理学院院长。二十年夏任北京大学研究教授兼理学院长。至二十二年秋罹心脏衰弱症，但指导学生研究工作未稍懈，在美国电化及化工杂志上，常发表重要论文。（关于先生生平之著述及发明另由北京大学编印专刊。）先生于是年春间，病势转剧，百药无效，群医束手，延至九月十二日晨九时十六分卒于北平协和医院。享年四十五岁，遗妻及子三女一。（录《科学》廿卷一期刘云浦《刘树杞先生传略》）

原载《中华教育界》二十四卷第二期，

一九三六年八月

实行道尔顿制，身殉教育的高仁山先生

高仁山氏为吾国近时之实验教育家。一八九四年生于江苏之江阴。幼时入江阴立本小学，成绩优异，为教师所称道，同学所推许。后随其父赴津，改入南开学校肄业。氏为人诚朴敦厚，温文尔雅，生平无他志，惟以教育为终身不易之事业。民国六年（1917年），自日本返国，历游东三省、直隶、山东、江苏、浙江七省，专从事于教育与实业状况之调查。嗣欲有所深造，乃赴美留学，专研究欧美各国之教育制度。留美凡四年又半，复渡大西洋而至英伦，考察英国二十六城之教育。留英六月，复赴德、法观察。至民国十一年回国，任北京大学教

高仁山先生

實行道爾頓制身殉教育的

近代中國教育人物像傳之一——傅任敢輯

高仁山氏爲吾國近時之實驗教育家。一八九四年生於江蘇之江陰。幼時入江陰立本小學，成績優異，爲教師所稱道，同學所推許。後隨其父赴津，改入南開學校肄業。氏爲人誠樸敦厚，温文爾雅，生平無他志，惟以教育爲終身不易之事業。民國六年，自日本返國，歷遊東三省，直隸，山東，江蘇，浙江七省，專從事於教育與實業狀況之調查。嗣欲有所深造，乃赴美留學，專研究歐美各國之教育制度。留美凡四年又半，復渡大西洋而至英倫，考察英國二十六城之教育。留英六月，復赴德法觀察。至民國十一年回國，任北京大學教授，當時有勸氏就任某省教育廳長者，然氏欲完成其「終身研究教育之志願」，故不爲所動。次年，復有勸氏赴中州辦中州大學者，然亦不能奪其志。氏於道爾頓制深有研究，因特辦藝文中學以爲實驗學校。每月以薪俸所得維持之，又舉債以補其不足。其計畫蓋欲自幼稚園，小學，初中以至高中成一一貫的實驗學校。民國十六年革命勢力由南而北。北平之張作霖深恐黨人相機活動，乃大興黨獄，北平教育界中之革命分子均岌岌自危，離平南下者頗不乏人。有勸氏同行者，氏終以不忍離棄其所經營之教育事業，故不果行。九月間，竟以黨案嫌疑，爲軍閥下之政府逮捕以去。至十七年一月，從容就義於天壇。年僅三十有五。氏自謂研究教育之計畫，約分五期，自日返國，以半年光陰調查七省教育與實業之關係，是謂第一期。自赴美留學，至民國十五六年，爲完成其研究教育制度之第二期。此後擬復赴歐美繼續研究，是謂第三期。返國後擬任調查中國西北與西南各省之實況，是謂第四期。最後乃創議我國全國之教育制度。不料氏竟中途遇害，有志未逮，誠我國教育之一大損失也。（錄高覺敷：高仁山傳略）

授，当时有劝氏就任某省教育厅长者，然氏欲完成其“终身研究教育之志愿”，故不为所动。次年，复有劝氏赴中州办中州大学者，然亦不能夺其志。氏于道尔顿制深有研究，因特办艺文中学以为实验学校。每月以薪俸所得维持之，又举债以补其不足。其计划盖欲自幼稚园、小学、初中以至高中成一一贯的实验学校。民国十六年革命势力由南而北。北平（今北京）之张作霖深恐党人相机活动，乃大兴党狱，北平教育界中之革命分子均岌岌自危，离平南下者颇不乏人。有劝氏同行者，氏终以不忍离弃其所经营之教育事业，故不果行。九月间，竟以党案嫌疑，为军阀下之政府逮捕以去。至十七年一月，从容就义于天坛。年仅三十有五。氏自谓研究教育之计划，约分五期，自日返国，以半年光阴调查七省教育与实业之关系，是谓第一期。自赴美留学，至民国十五六年，为完成其研究教育制度之第二期。此后拟复赴欧美继续研究，是谓第三期。返国后拟往调查中国西北与西南各省之实况，是谓第四期。

最后乃创议我国全国之教育制度。不料氏竟中途遇害，有志未逮，诚我国教育之一大损失也。（录高觉敷编《高仁山传略》）

原载《中华教育界》二十四卷第六期，
一九三六年十二月

同文馆及京师大学堂第一任总教习丁韪良先生

丁韪良（William Alexander Parsons Martin），美国人。一八二七年四月十日生于美国印第安那州。一八四六年毕业于印第安那大学[①]后，入新奥尔巴尼（New Albany）之长老会学院（Presbyterian Seminary）；旋任教古典文一年，于一八五〇年来华传教至宁波。一八六三年创立北京长老会，任职五年；同时又任北京美国使馆翻译之职，一八六九年至一八九四年任同文馆总教习，前后二十余年之久。氏任职之余，复为政府译述外籍，有*Guide Diplomatique*等关于国际公法之书籍及物理学教本二种。一八八〇年

① 印第安那大学，今译“印第安纳大学”。——编者注

同文館及京師大學堂第一任總教習

丁韙良先生

近代中國教育人物像傳之一—傳 任敏撰

丁韙良(Martin, William Alexander Parsons)美國人。一八二七年四月十日生於美國印第安那州。一八四六年畢業於印第安那大學後，入新奧爾巴尼(New Albany)之長老會學院(Presbyterian Seminary)；旋任教古典文一年，於一八五〇年來華傳教至寧波。一八六三年刱立北京長老會，任職五年；同時又任北京美國使館翻譯之職，一八六九年至一八九四年任同文館總教習，前後二十餘年之久。氏任職之餘，復爲政府譯述外籍，有 Guide Diplomatique 等關於國際公法之書籍及物理學教本二種。一八八〇年清廷派其前往各國，攷察教育，氏於一八八五年受封三品，一八九八年受封二品。自一八九八年至一九〇〇年，任京師大學堂第一任總教習。其所著述，有： The Chinese Their Education, Philosophy, and Letters (1881) Evidences of Christianity (1855);The Three Principles (1856); Religiou Allegories (1857); A Cycle of Cathay, or China South and North (1896; 2 nd ed. 1897); The Lore of Cathay, or the Intellect of China (1901); Awakening of China (1907).張之洞在鄂擬設大學，召氏爲助，旋因張氏去職，且經費無着，遂未果。一九一六年十二月十三日卒於北京。(據 The New International Encyclopedia及Encyclopedia Sinica)

同文馆及京师大学堂第一任总教习丁韪良先生

清廷派其前往各国考察教育，氏于一八八五年受封三品，一八九八年受封二品。自一八九八年至一九〇〇年，任京师大学堂第一任总教习。其所著述，有：*The Chinese Their Education*，*Philosophy*，*and Letters*（1881）；*Evidences of Christianity*（1855）；*The Three Principles*（1856）；*Religiou Allegories*（1857）；*A Cycle of Cathay*，*or China South and North*（1896; 2nd ed. 1897）；*The Lore of Cathay*，*or the Intellect of China*（1901）；*Awakening of China*（1907）。张之洞在鄂拟设大学，召氏为助，旋因张氏去职，且经费无着，遂未果。一九一六年十二月十三日卒于北京。（据 *The New International Encyclopedia* 及 *Encyclopedia Sinica*）

原载《中华教育界》二十四卷第四期，
一九三六年十月

管理官书局，筹办京师大学堂的孙家鼐先生

孙家鼐，安徽寿州（今寿县）人。咸丰九年（1859年）一甲一名进士，授职修撰。十一年七月充山西乡试正考官。同治元年（1862年）三月充会试同考官。二年复充会试同考官。三年四月提督湖北学政。光绪四年（1878年）二月命在毓庆宫行走。八月诏以原衔署日讲起居注官。九月补翰林院侍读学士。五年晋内阁学士兼礼部侍郎衔，署工部左侍郎，充文渊阁直阁事。六年授工部左侍郎。八年二月兼署吏部左侍郎。四月充考试试差阅卷大臣。八月兼署礼部左侍郎，充顺天乡试副考官。十一月复兼署吏部右侍郎。九年调户部右侍郎，兼管钱法堂事务，复署理吏部左侍郎。十一年四月充考试试差

管理官書局籌辦京師大學堂的

孫家鼐先生

近代中國教育人物像傳之一——傅任敢輯

孫家鼐，安徽壽州人。咸豐九年一甲一名進士，授職修撰。十一年七月充山西鄉試正考官。同治元年三月充會試同考官。二年復充會試同考官。三年四月提督湖北學政。光緒四年二月命在毓慶宮行走。八月詔以原銜署日講起居注官。九月補翰林院侍讀學士。五年晉內閣學士兼禮部侍郎銜，署工部左侍郎，充文淵閣直閣事。六年授工部左侍郎。八年二月兼署吏部左侍郎。四月充考試試差閱卷大臣。八月兼署禮部左侍郎，充順天鄉試副考官。十一月復兼署吏部右侍郎。九年調戶部右侍郎，兼管錢法堂事務，復署理吏部左侍郎。十一年四月充考試試差閱卷大臣。八月復兼署禮部右侍郎。九月充順天鄉試覆試閱卷大臣。時江西學政陳寶琛奏請以先儒黃宗羲，顧炎武從祀文廟，議者多以為未可，家鼐與潘祖蔭，翁同龢，孫詒經等獨請旨准行；比仍議駁，後卒從家鼐議。十四年四月充考試試差閱卷大臣。十五年正月調吏部右侍郎。八月署工部尚書。十六年三月署刑部尚書。七月兼署工部左侍郎。十一月授都察院左都御史。十八年三月署戶部尚書。五月充教習庶吉士。六月兼署工部尚書，旋即補授，復兼管帶順天府府尹事務。十九年八月兼戶部尚書。十二月充會典館副總裁。二十年三月兼署都察院左都御史，充考試翰詹閱卷大臣。時值中日開釁，朝臣議戰，家鼐獨言釁不可開；及平壤失利，京師戒嚴，家鼐又力沮異議，卒賴以安。二十二年正月管理官書局。十月調禮部尚書。十一月兼署工部尚書。二十三年三月署吏部尚書。七月調吏部尚書。八月充順天鄉試正考官。二十四年三月充會試正考官，五月充會典館正總裁，詔以吏部尚書協辦大學士。維時國事多難，外侮日亟，言者謂非變法不足以強國；乃諭百司，整飭庶務，開言路，舉新法，實是求是。家鼐以原任中允馮桂芬所著校邠廬抗議一書，最為精密，奏請飭印，頒發各署，俾諸臣條論可否，彙呈聖明采擇，以準公論，而順人情；詔從之。適大學堂初立，命家鼐管理學務。家鼐詳定規則，增設中小學堂，又酌立速成學校及醫學校；均得旨施行。御史宋伯魯奏請以上海時務報改為官報，上命管學大臣酌議。家鼐疏覆，謂閱報以袪壅蔽，事實可行；惟宜嚴明混淆黑白，瀆亂宸聽之禁；至各省報章，亦宜飭督撫呈送備擇，以廣天聽。又議酌置徵鄉一疏，謂國家廣集鄉士，以資議政，聽言固不厭求詳，然執兩用中，精擇審處，尤賴聖知。其所建議，類能深持大體。二十六年鑾輿西幸，家鼐趨赴行在。十月補禮部尚書，復拜翰林院掌院學士之命。二十七年三月調吏部尚書。十一月扈蹕還京。十二月晉大學士，旋授體仁閣大學士，管理吏部事務。二十九年二月充會試正考官。五月充覆試閱卷大臣。閏五月充朝考閱卷大臣。六月充考試拔貢閱卷大臣。八月轉東閣大學士。九月充政務處大臣。十一月充學務大臣。是時學部未立，直省儒風，廢弛日甚，自家鼐管學後，裁度章程，折衷中外，嚴定宗旨，一以教行績學為主，海內士氣，為之一靖。三十年五月充朝考閱卷大臣。三十一年調文淵閣大學士。三十二年七月明詔立憲，飭廷臣十餘員，釐定官制，公同編纂，而以家鼐總司核定。旋充國史館總裁。十二月充文淵閣領閣事。三十三年六月晉武英殿大學士。八月立資政院，簡貝子溥倫及家鼐為總裁，命詳擬細章，會同軍機大臣妥議具奏。家鼐深維中國時勢，參考列邦成規，與諸臣會訂目次。首總綱，次選舉，次職掌，次資政院與行政衙門之關係，次資政院與省諮議局之關係，次資政院與人民之關係，次會議，次紀律，次秘書廳官制，次經費，凡十章。先後入告，均得旨允行。十月詔諸臣輪班進講經史政治，三日一直，家鼐領班，撰尚書四子書講義以進。三十四年二月以鄉舉重逢，恩賞太子太傅銜。宣統元年二月，諭呈進經，史，國朝掌故，各國歷史講義，仍派榮慶輪班撰擬，並命家鼐總司核定。旋以京察交部議敘。是歲奏辦翰林院講習館，家鼐督理校閱，精研政學時務，尤以韜光淬行為館員勖。十月卒。

（節清史列傳）

阅卷大臣。八月复兼署礼部右侍郎。九月充顺天乡试覆试阅卷大臣。时江西学政陈宝琛奏请以先儒黄宗羲、顾炎武从祀文庙，议者多以为未可，家鼐与潘祖荫、翁同龢、孙诒经等独请旨准行；比仍议驳，后卒从家鼐议。十四年四月充考试试差阅卷大臣。十五年正月调吏部右侍郎。八月署工部尚书。十六年三月署刑部尚书。七月兼署工部左侍郎。十一月授都察院左都御史。十八年三月署户部尚书。五月充教习庶吉士。六月兼署工部尚书，旋即补授，复兼管带顺天府府尹事务。十九年八月兼户部尚书。十二月充会典馆副总裁。二十年三月兼署都察院左都御史，充考试翰詹阅卷大臣。时值中日开衅，朝臣议战，家鼐独言衅不可开；及平壤失利，京师戒严，家鼐又力沮异议，卒赖以安。二十二年正月管理官书局。十月调礼部尚书。十一月兼署工部尚书。二十三年三月署吏部尚书。七月调吏部尚书。八月充顺天乡试正考官。二十四年三月充会试正考官，五月充会典馆正总裁，诏以吏部尚书协办大学士。维时国事多难，外侮日亟，言者谓非变法不足以强国；乃谕百司，整饬庶务，开言路，举新法，实事求是。家鼐以原任中允冯桂芬所著《校邠庐抗议》一书，最为精密，奏请饬印，颁发各署，俾诸臣条论可否，汇呈圣明采择，以准公论，而顺人情；诏从之。适大学堂初立，命家鼐管理学务。家鼐详定规则，增设中小学堂，又酌立速成学校及医学校；均得旨施行。御史宋伯鲁奏请以上海《时务报》改为官报，上命管学大臣酌议。家鼐疏覆，谓阅报以祛壅蔽，事实可行；惟宜严明混淆黑白，渎乱宸聪之禁；至各省报章，亦宜饬督抚呈送备择，以广天听。又议酌置散卿一疏，谓国家广集卿士，以资议政，听言固不厌求详，然执两用中，精择审处，尤赖圣知。其所建议，类能深持大体。二十六年銮舆西幸，家鼐趋赴行在。十月补礼部尚书，复拜翰林院掌院学士之命。二十七年三月调吏部尚书。十一月扈毕还京。十二月晋大学士，旋授体仁阁大学士，管理吏部事务。二十九年二月充会试正考官。五月充覆试阅卷大臣。闰五月充朝考阅卷大臣。六月充考试拔贡阅卷大臣。八月转东阁大学士。九月充政务处大臣。十一月充学务大臣。是时学部未立，直省儒风，庞杂日甚，自家鼐管学后，裁度章程，折衷中外，严定宗旨，一以敦行绩学为主，海内士气，为之一靖。三十年五月充朝考阅卷大臣。三十一年调文渊阁大学士。三十二年七月明诏立宪，简廷臣十余员，厘定官制，公同编纂，而以家鼐总司核定。旋充国史馆总裁。十二月充文渊阁领阁事。三十三年六月晋武英殿大学士。八月立资政院，简贝子溥伦及家鼐为总裁，命详拟细章，会同军机大臣妥议具奏。家鼐深维中国时势，参考列邦成规，与诸臣会订目次。首总纲，次选举，次职掌，次资政院与行政衙门之关系，次资政院与省谘议局之关系，次资政院与人民之关系，次会议，次纪律，次秘书厅官制，次经费，凡十章。先后入告，均得旨允行。十月诏诸臣轮班进讲经史政治，三日一直，家鼐领班，撰《尚书》、“四子书”讲义以进。三十四年二月以乡举重逢，恩赏太子太傅衔。宣统元年（1909年）二月，谕呈进经、史、国朝掌故、各国历史讲义，仍派荣庆轮班撰拟，并命家鼐总司核定。旋以

京察交部议叙。是岁奏办翰林院讲习馆，家鼐督理校阅，精研政学时务，尤以韬光淬行为馆员勖。十月卒。(节《清史·列传》)

原载《中华教育界》二十四卷第七期，
一九三七年一月

提倡简字以谋普及教育的劳乃宣先生

中日战争以还，兴学自强之说，盈于朝野；而识者病吾国文字艰深，乃有倡为应用白话与改革文字者。浙江于创设新学，既已开风气之先，而尽瘁于改革文字，以期教育之普及者，一时尤推桐乡（今安徽桐城市北）劳玉初先生。先生名乃宣，字玉初，号矩斋，晚号韧叟（1843—1921）。先世本山东人，至先生祖考始迁桐乡。先生幼沐父勋成公教，笃学敦行。同治四年（1865 年）中乡试，十年成进士，先后补直隶南皮、完县（今河北保定顺平县）、吴桥知县；又摄临榆（今属秦皇岛市和抚宁县）、蠡县事。在吴桥任最久。义和团乱初作，公既剿灭吴桥党羽，复直言上疏请禁，卒以是去官。初，光绪

提倡簡字以謀普及教育的

勞乃宣先生

近代中國教育人物像傳之一——傅任敢輯

中日戰爭以還，興學自強之說，盈於朝野；而識者病吾國文字艱深，乃有倡爲應用白話與改革文字者。浙江於創設新學，既已開風氣之先，而蠢痒於改革文字，以期教育之普及者，一時尤推桐鄉勞玉初先生。先生名乃宣，字玉初，號榘齋，晚號韌叟（一八四三——一九二一）。先世本山東人，至先生祖考始遷桐鄉。先生幼沐父勳成公教，篤學敦行。同治四年，中鄉試，十年成進士，先後補直隸南皮，完縣，吳橋知縣；又攝臨榆，蠡縣事。在吳橋任最久。義和團亂初作，公既剿滅吳橋黨羽，復直言上疏請禁，卒以是去官。初，光緒二十三年，浙江已設求是書院，兼講西學。至是先生南歸去杭，總理陸懋勳延爲監院，旋繼任總理。及辛丑約成，清廷再籌維新，先生因奏請改求是書院爲大學堂，詔准改名浙省求是大學堂，旋改稱浙江大學堂，先生任監督。後之浙江高等學堂，實權輿於此。已而去至金陵任學政，力倡文字改革，設簡字學堂。三十三年，因大臣薦，召入覲，以四品京官候補。宣統改元，任憲政編查館參議官，兼資政院碩學通儒議員，以新刑律與倫常牴迕，爭之尤力。旋任江寧提學使，復受命入京，參預外省官制，擢京師大學堂總監督。時方籌備立憲，朝議以先生負儒林重望，署學部副大臣。會革命軍興，清帝遜位，先生遂南歸隱於鄉。民國三年，袁世凱任先生爲參政院參政，固辭不就，往來南北，以著述自娛。六年，張勳擁溥儀復辟，任僞朝法部尚書，比事敗，退居海上。先生自以及事清室，不變先節，頗躬與復辟，識者歎爲晚節之玷焉。民國十年六月先生卒，享年七十有九。先生博通經史，淹貫羣書，嘗課清攝政載灃學，又助德人衛禮賢設尊孔社於青島。於算學有特嗜，在直省主縣政時，治之尤勤，卒能闡明籌法。嘗謂古時籌算之術至精，顧自珠盤興而籌之用漸廢，西法用而籌之用遂絕。乾嘉諸儒，治歷算者，於斯猶未爲疏證，乃依古說揣摩，製籌以事參驗，因悟九章皆爲籌法，乃先後著古籌算正續編，籌算淺釋，籌算分法淺釋，籌算蒙課，垛集，籌法等書，其後合孔慶霄所著衍元小草刊之，曰榘齋籌算七種。自謂千古良法，湮而復彰，時人亦稱世之知有古籌算，自先生之書始；惜乎流傳未廣，後起之士無復推衍其學者也。顧先生之卓識超羣，功在衆民者，尤在其創簡字以謀教育之普及。自明季西教士有國語羅馬字之試用，國人頗或從之。甲午以後，競倡設學；而憂時之士，則以中國文辭非平民所能喻，乃倡爲白話，於是北京有京話日報，浙江則有杭州白話報；而言文字之改革者，始則有香山王炳耀，侯官蔡錫勇，廈門盧戇章，吳縣沈學等，皆欲爲漢文創設字母。其後寧河王照創官話合聲字母，定五十母十二韻及四聲之號，設學堂及書報社於北京，天津，保定，寖假而傳於晉，魯及東三省。先生以言文一致，爲教育普及之大原，中國文字艱深，不能以教凡民，用使民智閉塞，國勢凋敝。故欲強國必先增智，而欲教育之普及，則不能不學步拼音文字之法。王氏字母足以攝北音，與南音不盡相合，乃與同志商榷，增爲五十六母十五韻，於四聲則更加一入聲之號，俾攝寧皖各處之音；復加七母三韻一濁音，則蘇浙等處皆可通行。在江寧時，以簡字之重要切陳於江督周馥，得准創設簡字學堂。其時浙江藏書樓監理楊復亦設簡字學堂於杭州，則感先生之說而得其助者也。先生既創簡字以教人，復先後編合聲簡字譜，簡字叢錄，簡字全譜，京音簡字述略等書，梓以行世。先生之簡字，考音韻以合方言，期以拼音之法，利衆民之應用，其法視昔彌精，其旨與後日之省筆字有異；時論雖多誹議，先生則宣說益力。其後民國二年，教育部召集讀音統一會，製定注音字母，七年公布之。時先生尚健在，猶好言簡字得失不稍懈。迄於今注音符號猶待推行，推原其始，則先生開導先路之功爲不可沒也。先生之著述，自籌算七種簡字諸書外，尚有論文未刊，其助輯各國約章纂要，雖非其所主，亦中西外交史料之所繫云。（錄陳訓慈：勞乃宣傳略。）

二十三年（1897 年），浙江已设求是书院，兼讲西学。至是先生南归去杭，总理陆懋勋延为监院，旋继任总理。及辛丑约成，清廷再筹维新，先生因奏请改求是书院为大学堂，诏准改名浙省求是大学堂，旋改称浙江大学堂，先生任监督。后之浙江高等学堂，实权舆于此。已而去至金陵任学政，力倡文字改革，设简字学堂。三十三年，因大臣荐，召入觐，以四品京官候补。宣统改元（1909 年），任宪政编查馆参议官，兼资政院硕学通儒议员，以新刑律与伦常抵违，争之尤力。旋任江宁提学使，复受命入京，参预外省官制，擢京师大学堂总监督。时方筹备立宪，朝议以先生负儒林重望，署学部副大臣。会革命军兴，清帝逊位，先生遂南归隐于乡。民国三年（1914 年），袁世凯任先生为参政院参政，固辞不就，往来南北，以著述自娱。六年，张勋拥溥仪复辟，任伪朝法部尚书，比事败，退居海上。先生自以及事清室，不变先节，顾躬与复辟，识者叹为晚节之玷焉。民国十年六月先生卒，享年七十有九。先生博通经史，淹贯群书，尝课清摄政载沣学，又助德人卫礼贤设尊孔社于青岛。于算学有特嗜，在直省主县政时，治之尤勤，卒能阐明筹法。尝谓古时筹算之术至精，顾自珠盘兴而筹之用渐废，西法用而筹之用遂绝。乾嘉诸儒，治历算者，于斯犹未为疏证，乃依古说揣摩，制筹以事参验，因悟《九章》皆为筹法，乃先后著《古筹算正续编》《筹算浅释》《筹算分法浅释》《筹算蒙课》《垛积》《筹法》等书，其后合孔庆霁所著《衍元小草》刊之，曰《矩斋筹算七种》。自谓千古良法，湮而复彰，时人亦称世之知有古筹算，自先生之书始；惜乎流传未广，后起之士无复推衍其学者也。顾先生之卓识超群，功在众民者，尤在其创简字以谋教育之普及。自明季西教士有国语罗马字之试用，国人颇或从之。甲午（1894 年）以后，竞倡设学；而忧时之士，则以中国文辞非平民所能喻，乃倡为白话，于是北京有《京话日报》，浙江则有《杭州白话报》；而言文字之改革者，始则有香山（今广东中山）王炳耀、侯官（今福建福州）蔡锡勇、厦门卢戆章、吴县（今属江苏苏州）沈学等，皆欲为汉文创设字母。其后宁河王照创官话合声字母，定五十母十二韵及四声之号，设学堂及书报社于北京、天津、保定，寖假而传于晋、鲁及东三省。先生以言文一致，为教育普及之大原，中国文字艰深，不能以教凡民，用使民智闭塞，国势凋敝。故欲强国必先增智，而欲教育之普及，则不能不学步拼音文字之法。王氏字母足以摄北音，与南音不尽相合，乃与同志商榷，增为五十六母十五韵，于四声则更加一入声之号，俾摄宁、皖各处之音；复加七母三韵一浊音，则苏、浙等处皆可通行。在江宁时，以简字之重要切陈于江督周馥，得准创设简字学堂。其时浙江藏书楼监理杨复亦设简字学堂于杭州，则感先生之说而得其助者也。先生既创简字以教人，复先后编《合声简字谱》《简字丛录》《简字全谱》《京音简字述略》等书，梓以行世。先生之简字，考音韵以合方言，期以拼音之法，利众民之应用，其法视昔弥精，其旨与后日之省笔字有异；时论虽多诽议，先生则宣说益力。其后民国二年，教育部召集读音统一会，制定注音字母，七年公布之。时先生尚健在，犹好言简字得失不稍懈。迄于今注音符号犹待推行，推原其始，则先生开导先路之功为不可没也。先生之著述，自“筹算七种”“简字”诸书外，尚有论文未刊，其助辑《各国约章纂要》，虽非其所至，亦中西外交史料之所系云。（录陈训慈编《劳乃宣传略》）

原载《中华教育界》二十四卷第七期，

一九三七年一月

湖南教育先进朱家纯先生

朱家纯，字剑帆，清甘肃提督周达武季子。相传为明吉藩遗裔。清初易姓居宁乡。国变后，家纯复旧姓。幼颖慧，读书辄领悟。十八岁游学日本，毕业于宏文学校。归国创周南女学于长沙，旋捐居宅别墅作校舍，复散私财助之，毋少吝。服务湘教育界垂廿年。民国十一年（1922 年）被选为省议员。时赵恒惕为省长，家纯以政见不合，明年弃去，入广州。佐谭延闿治革命军。时驻粤军队有滇、桂、湘、闽、皖、粤之别。湘军颇纷歧，家纯疏解之，军势乃振。十五年随军入长沙。诸军相继东下，海宇大震。家纯政见日新，与时相逐，乃避居沪上。

湖南教育先進

朱家純先生

近代中國教育人物像傳之一——傅任敢輯

朱家純，字劍帆，清甘肅提督周達武季子。相傳爲明吉藩遺裔。清初易姓居寧鄉。國變後，家純復舊姓。幼穎慧，讀書輒領悟。十八歲遊學日本，畢業於宏文學校。歸國創周南女學於長沙，旋捐居宅別墅作校舍，復散私財助之，毋少悋。服務湘教育界垂廿年。民國十一年被選爲省議員。時趙恆惕爲省長，家純以政見不合，明年棄去，入廣州。佐譚延闓治革命軍。時駐粵軍隊有滇、桂、湘、閩、皖、粵、之別。湘軍頗紛歧，家純疏解之，軍勢乃振。十五年隨軍入長沙。諸軍相繼東下，海宇大震。家純政見日新，與時相逐，乃避居滬上。延闓爲行政院長，嘗函詢大計，然稍悔前所爲云。未幾沒，身後蕭條，遂旅葬焉（錄寧鄉縣誌）

延闿为行政院长，尝函询大计，然稍悔前所为云。未几没，身后萧条遂旅葬焉。(录《宁乡县志》)

原载《中华教育界》二十四卷第八期，
一九三七年二月

中国提倡女子教育最早的王谢长达先生

先生谢氏，讳长达，字铭才，谢松甫公之长女，王芾卿公之德配也。谢氏原籍安徽，迁苏久，与王氏同居一城，皆吴下望族。先生生于清道光二十九年（1849年），三岁值鸦片战争，十三岁值洪杨革命，自幼遭逢乱离，备尝艰苦，年二十二，归于王，侍奉舅姑，如事父母，得两方亲长之欢心。芾卿公既得贤内助，遂一心致力于学，而策名清廷，由翰林院庶吉士，官至内阁侍读学士。先生年三十六，随往北平（今北京），长安居，本不易，芾卿公清廉自守，生活维艰，幸赖先生苦心筹划，得以维持。先生年四十八，不幸芾卿公染时疫而卒，宦橐萧然，一无长物，而遗孤九人，长甫弱冠，幼尚垂髫；适

中國提倡女子教育最早的

王謝長達先生

近代中國教育人物像傳之一——倪文宙增輯

先生謝氏，諱長達，字銘才，謝松甫公之長女，王茀卿公之德配也。謝氏原籍安徽，遷蘇久，與王氏同居一城，皆吳下望族。先生生於清道光二十九年，三歲值雅片戰爭，十三歲值洪楊革命，自幼遭逢亂離，備嘗艱苦，年二十二，歸於王，侍奉舅姑，如事父母，得兩方親長之歡心。茀卿公既得賢內助，遂一心致力於學，而策名清廷，由翰林院庶吉士，官至內閣侍讀學士。先生年三十六，隨往北平，長安居，本不易，茀卿公清廉自守，生活維艱，幸賴先生苦心籌畫，得以維持。先生年四十八，不幸茀卿公染時疫而卒，宦囊蕭然，一無長物，而遺孤九人，長甫弱冠，幼尚垂髫；適值甲午之役，多難之秋，南歸料理一切，撫育孤雛，茹苦含辛，不言而喻。其時祖姑尚在堂，尤能菽水承歡，寒暑無缺。先生治理家政，井井有條，井臼之餘，嚴課子女，教以義方，勗以大志，先後分令負笈出遊國內外，各按其志趣，培養成材：或則精通舊學，蜚聲政界；或則精研科學，成為專家；或則犧牲一切，專致力於教育事業；一門俊傑，有功於社會國家者，皆出自母教之力也。先生治家之外，復努力於社會，其所為公益事業，不勝枚舉，舉其犖犖大者，約有三端。(一)發起放足會：清光緒二十七年，清政府下諭勸諭漢族婦女革除纏足，於是上海有天足會之設。先生有見於該會無甚實效，乃發起蘇州放足總會，即設於十全街私邸，自任總理，手訂章程，一時入會者紛至沓來。時先生五十二歲，以身作則，首先放足；其同志如陳黃季蘭先生，年七十餘，亦身先解放，以資提倡。會中研究放足之法，印有說帖，廣為傳布；而先生又親赴蘇屬各鄉及鄰近省縣，苦口勸導，指示解放方法。當時兩江總督端方極獎勵之，派兵沿途護送，其足跡直至大江以北，各地聞風響應，創設分會，婦女由是得解放之幸福。惟沭陽有徐胡仿蘭女士者，因放足而被姑逼迫，死於非命；先生起而為之鳴不平，一面電稟江督飭縣查辦，一面徵集女界開追悼大會以慰冤魂，其俠義之風，猶可想見。(二)創辦振華女學：遜清季世，廢科舉，興學校，先生鑒於女子不學無才，實為社會詬病；三吳素稱文物之邦，而所有略具規模之女學，又為外人所設；乃捐募開辦費若干，賃屋於嚴衙前東小橋畔，於民前六年，創設振華兩等小學一所，時先生年五十五歲矣。翌年，添設簡易師範科，規模草創，就學者頗衆。越年，中丞程德全，廉訪朱家寶，郡守何剛德，先後蒞校參觀，極加贊許，撥給按月經常費，以資補助，至是校有的款，乃得推廣學額，逐漸改進。至民國肇造，公家補助費遂輟，先生毅然出其私蓄，獨力支撑。至民國四年，蘇省第二女子師範學校成立，始以簡易師範生移併於該校，而添設幼稚園，將校舍遷入十全街私邸餘屋。此數年間，諸多困難，而苦心孤詣，撐扎維持。迨民國六年，其女公子季昭季玉先後在美學成歸國，翌年，先生以年老倦勤，乃將校務畀子季玉總理，而季昭襄助之，自是校務更形發展，由小學而添辦中學，復就舊織造府場，建築校舍，畫分為中小學兩部，有蒸蒸日上之勢；苟非先生十餘年慘淡經營，堅立基礎，曷克臻此？(三)組織女子公益團：民國四年，先生年已六十四；而猶亟亟以改良社會為己任，聯絡蘇城中西女士如楊達權衛更新李師德等，發起女子公益團，講求公衆有益之事，其編制分德行，教育，衛生，交誼四部，會員達七十餘人。公推先生為團長兼德行部長，先生不辭勞苦，熱心從事。有虐待婢女者，婢不勝苦楚，則挈之訴於法院，而得復其自由；有寵妾欺妻者，則苦口勸解，勗其改過，而得和好如初；有以疾呼苦顛者，則每解衣推食，廣為設法，而得維持其生活；至於貧家子女無力求學者，或則保送入小學讀書，或則保送入醫院學習看護，全城國民小學四十餘所，皆特設補助學額，並籌有特別捐，以助清寒子弟入高等小學者亦不少。且其個人曾移七旬壽筵之資，以為獎學之用，其樂於匡襄，成全人之志願者如是。及壽登八秩，其兒女輩勸其節勞，可不必再預社會事，然每有以公益事請助者，仍匡襄不倦，雖病不辭，當其發覺中風之日，猶力疾參加女子公益團常會，歸即臥床不起，閱兩旬而長逝，享壽八十有六，真可謂鞠躬盡瘁者矣。三者而外，可述者尚多；當武昌起義之始，女子北伐隊出師北伐，先生任蘇屬隊長，努力籌募軍用，並親率女生百數十人參加工作，厥功尤偉，殆不愧為民族之女英雄矣。（節錄楊季威著王謝長達先生事略）

中国提倡女子教育最早的王谢长达先生

值甲午之役，多难之秋，南归料理一切，抚育孤雏，茹苦含辛，不言而喻。其时祖姑尚在堂，尤能菽水承欢，寒暑无缺。先生治理家政，井井有条，井臼之余，严课子女，教以义方，勖以大志，先后分令负笈出游国内外，各按其志趣，培养成材：或则精通旧学，蜚声政界；或则精研科学，成为专家；或则牺牲一切，专致力于教育事业。一门俊杰，有功于社会国家者，皆出自母教之力也。先生治家之外，复效力于社会，其所为公益事业，不胜枚举，举其荦荦大者，约有三端。（一）发起放足会。清光绪二十七年（1901 年），清政府下谕劝诰汉族妇女革除缠足，于是上海有天足会之设。先生有见于该会无甚实效，乃发起苏州放足总会，即设于十全街私邸，自任总理，手订章程，一时入会者纷至沓来。时先生五十二岁，以身作则，首先放足；其同志如陈黄季兰先生，年七十余，亦身先解放，以资提倡。会中研究放足之法，印有说帖，广为传布；而先生又亲赴苏属各乡及邻近省县，苦口劝导，指示解放方法。当时两江总督端方极奖励之，派兵沿途护送，其足迹直至大江以北，各地闻风响应，创设分会，妇女由是得解放之幸福。惟沭阳有徐胡仿兰女士者，因放足而被姑逼迫，死于非命；先生起而为之鸣不平，一面电禀江督饬县查办，一面征集女界开追悼大会以慰冤魂，其侠义之风，概可想见。（二）创办振华女学。逊清季世，废科举，兴学校，先生鉴于女子不学无才，实为社会诟病；三吴素称文物之邦，而所有略具规模之女学，又为外人所设；乃捐募开办费若干，赁屋于严衙前东小桥畔，于民前六年，创设振华两等小学一所，时先生年五十五岁矣。翌年，添设简易师范科，规模草创，就学者颇众。越年，中丞程德全、廉访朱家宝、郡守何刚德，先后莅校参观，极加赞许，拨给按月经常费，以资补助，至是校有的款，乃得推广学额，逐渐改进。至民国肇造，公家补助费遂辍，先生毅然出其私蓄，独力支撑。至民国四年（1915 年），苏省第二女子师范学校成立，始以简易师范生移并于该校，而添设幼稚园，将校舍迁入十全街私邸余屋。此数年间，诸多困难，而苦心孤诣，挣扎维持。迨民国六年，其女公子季昭、季玉先后在美学成归国，翌年，先生以年老倦勤，乃将校务畀予季玉总理，而季昭襄助之，自是校务更形发展，由小学而添办中学，复就旧织造府场，建筑校舍，划分为中小学两部，有蒸蒸日上之势；苟非先生十余年惨淡经营，坚立基础，曷克臻此？（三）组织女子公益团。民国四年，先生年已六十四，而犹亟亟以改良社会为己任，联络苏城中西女士如杨达权、卫更新、李师德等，发起女子公益团，讲求公众有益之事，其编制分德行、教育、卫生、交谊四部，会员达七十余人。公推先生为团长兼德行部长，先生不辞劳苦，热心从事。有虐待婢女者，婢不胜苦楚，则挈之诉于法院，而得复其自由；有宠妾欺妻者，则苦口劝解，勖其改过，而得和好如初；有以疾呼苦吁者，则每解衣推食，广为设法，而得维持其生活；至于贫家子女无力求学者，或则保送入小学读书，或则保送入医院学习看护，全城国民小学四十余所，皆特设补助学额，并筹有特别捐，以助清寒子弟入高等小学者亦不少。且其个人曾移七旬寿筵之资，以为奖学之用，其乐于匡襄，成全人之志愿者如是。及寿登八秩，其儿女辈劝其节劳，可不必再预社会事，然每有以公益事请助者，仍匡襄不倦，虽病不辞，当其发觉中风之日，犹力疾参加女子公益团常会，归即卧床不起，阅两旬而长逝，享寿八十有六，真可谓鞠躬尽瘁者矣。三者而外，可述者尚多；当武昌起义之始，女子北伐队出师北伐，先生任苏属队长，努力筹募军用，并亲率女生百数十人参加工作，厥功尤伟，洵不愧为民族之女英雄矣。（节录杨季威著《王谢长达先生事略》）

原载《中华教育界》二十四卷第八期，
一九三七年二月

尽忠职守的教育家唐国安先生

民国二年（1913年）八月二日，唐介臣先生殁。先生名国安；顾其乡老及西人咸习称其字，共知为介臣焉。先生前为北京清华学校副监督，嗣任校长。凄其风雨，噩耗惊传，凡与先生素识者，莫不同声悲悼。先生病痿，年来愈而复作者三次矣。当清华学校于六月一日举行毕业礼颁给文凭时，先生病不能与，以副校长文科硕士周贻春君代之。旋病良已，体气亦回复，乃令周君率学生二十六人赴美。讵疾又复发，终弗能支，遂溘然长逝，哀哉！殁后于日曜日开追悼会。据英文《北京日报》所载，中西来宾，济济称盛。袁总统亦遣代表致祭，外宾如美国代理公使威廉君、汕头美国领事维廉斯

尽忠职守的教育家唐国安先生

盡忠職守的教育家

唐國安先生

近代中國教育人物像傳之一 —傳 任敢輯

民國二年八月二日，唐介臣先生歿。先生名國安；顧其鄉老及西人咸習稱其字，共知爲介臣焉。先生前爲北京清華學校副監督，嗣任校長。淒其風雨，噩耗驚傳，凡與先生素識者，莫不同聲悲悼。先生病瘵，年來愈而復作者三次矣。當清華學校於六月一日舉行畢業禮頒給文憑時，先生病不能興，以副校長文科碩士周貽春君代之。旋病良已，體氣亦同復，乃令周君率學生二十六人赴美。詎疾又復發，終弗能支，遂遽然長逝，哀哉！歿後於日曜日開追悼會。據英文北京日報所載，中西來賓，濟濟稱盛。袁總統亦遣代表致祭，外賓如美國代理公使威廉君，美國汕頭領事維廉斯君，青年會會員關來君，愛特華德君，及鮑脫博士，海蘊君，潘來君，並清華學校女教員二人，皆躬自臨吊，白馬素車，頗極榮哀之盛。先生無子，有嗣子一，並寡妻弱弟，皆縞衣玄帶，惘惘可憐，尤使見者生感。先生廣東香山人也，生於一千八百五十八年，歿時年五十有五。香山一地，唐氏族大衆多，既富且庶，於粵中大樹聲望。先生爲中國政府任容閎博士爲留美學生監督時第一次學生，故其所學，於祖國植其基，而於美國造其極。肄業耶魯大學，於卒業二年前去校，少時以礪志好學稱。自一千八百八十五年與留美同學聯翩歸國後，即奔走國事，席不暇暖。始爲海上某校教員，繼主講梵王渡約翰書院，與顏惠慶君同擁臯比，遂訂交焉。先生又曾任寰球中國學生會會董，迨顏君辭南方報編輯事，先生乃繼其任，賡續進行，至停辦而止；南方報爲華英文字合璧之報紙，發行於滬濱，經滂湃之風潮而頗能著效於社會。先生不畏強禦，以上海工部局之設施，甚不利於華人，因直言正論指斥其法令之背謬，遂與工部局相齮齕。凡滬人士之對於外人敢作強項令者，鮮不爲紅髯碧眼之流所嫉視。故當濮蘭德任工部局書記員時，幾被逐出租界。顧先生絕不退縮，雖以熱忱奮發之故，致爲外人所痛恨，而一片丹忱仍無時不以忠愛同胞爲念焉。南方報既歸泡影，先生乃於一千九百零七年入都，爲外務部司員兼任京奉鐵路事。至一千九百零九年，奉委爲上海萬國禁煙會中國代表，先生固演說家，善雄辯；以故一臨會場，議論風生，於西人特議之條件，畫多所折衝。讀當日先生之言論，實詞嚴義正，慨當以慷，且與亞列斯多德所論演說要旨若合符節。禁煙會閉幕後，未幾先生乃任清華學校副監督。時正監督爲周自齊君。校設副監督二，其別一副監督即前教育總長范君源廉也。一千九百十一年，先生復任爲海牙萬國禁煙會代表，與伍君連德同出都門；斯時中國政府以梁君誠爲代表領袖赴會。後先生與梁伍二君俱殫精竭慮，爲祖國禁煙前途博鉅大之利益，奇勞懋著，不辱使命。既而軺車遄返，當事者深嘉善之，遂以清華校長相倚任，原期先生展厥驥足，發揮教育，將大有造於我宗邦也。詎意昊天不吊，遽奪我先生以去，遂使風雨神州欲求如先生之教品醇學熱血偉才不可多得矣！（節嚴楨譯傳，見中華教育界民國二年八月號。）

君、青年会会员开来君、爱特华德君，及鲍脱博士、海蕴君、潘来君，并清华学校女教员三人，皆躬自临吊，白马素车，颇极荣哀之盛。先生无子，有嗣子一，并寡妻弱弟，皆缟衣玄带，惘惘可怜，尤使见者生感。先生广东香山（今中山市）人也，生于一千八百五十八年①，殁时年五十有五。香山一地，唐氏族大众多，既富且庶，于粤中大树声望。先生为中国政府任容闳博士为留美学生监督时第一次学生，故其所学，于祖国植其基，而于美国造其极。肄业耶鲁大学，于卒业二年前去校，少时以砺志好学称。自一千八百八十五年②与留美同学联翩归国后，即奔走国事，席不暇暖。始为海上某校教员，继主讲梵王渡约翰书院，与颜惠庆君同拥幕比，遂订交焉。先生又曾任寰球中国学生会会董，迨颜君辞《南方报》编辑事，先生乃继其任，赓续进行，至停办而止；《南方报》为华英文字合璧之报纸，发行于沪滨，经澎湃之风潮而颇能著效于社会。先生

① 即 1858 年。——编者注
② 即 1885 年。——编者注

不畏强御，以上海工部局之设施，甚不利于华人，因直言正论指斥其法令之背谬，遂与工部局相龃龉。凡沪人士之对于外人敢作强项令者，鲜不为虬髯碧眼之流所嫉视。故当濮兰德任工部局书记员时，几被逐出租界。顾先生绝不退缩，虽以热忱奋发之故，致为外人所痛恨，而一片丹忱仍无时不以忠爱同胞为念焉。《南方报》既归泡影，先生乃于一千九百零七年[①]入都，为外务部司员兼任京奉铁路事。至一千九百零九年[②]，奉委为上海万国禁烟会中国代表，先生固演说家，善雄辩；以故一临会场，议论风生，于西人特议之条件，尝多所折冲。盖当日先生之言论，实词严义正，慨当以慷，且与亚列斯多德[③]所论演说要旨若合符节。禁烟会闭幕后，未几先生乃任清华学校副监督。时正监督为周自齐君。校设副监督二，其别一副监督即前教育总长范君源濂也。一千九百十一年[④]，先生复任为海牙万国禁烟会代表，

① 即 1907 年。——编者注
② 即 1909 年。——编者注
③ 亚列斯多德，今译“亚里士多德”。——编者注
④ 即 1911 年。——编者注

与伍君连德同出都门；斯届中国政府以梁君诚为代表领袖莅会。后先生与梁、伍二君俱殚精竭虑，为祖国禁烟前途博绝大之利益，奇劳懋著，不辱使命。既而轺车遄返，当事者深嘉善之，遂以清华校长相倚任，原期先生展施骥足，发挥教育，将大有造于我宗邦也。讵意昊天不吊，遽夺我先生以去，遂使风雨神州欲求如先生之敦品励学热血伟才不可多得矣！（节《严桢译传》，见《中华教育界》民国二年八月号）

原载《中华教育界》二十四卷第九期，
一九三七年三月

前中央研究院总干事、科学教育家丁文江先生

在君先生（1887—1936）的死是中国的大损失，“人之云亡，邦国殄瘁！”人才如此难得，像在君先生的人中国能有几个？在君先生是开始中国地质学工作之一人，他的功绩特别是在实行野外调查，在这一方面讲，他是中国地质学界唯一的人物。他在欧洲毕业后便从陆地经过云南回来，进了农商部便专心做他的实地调查工作。做地质调查所所长的时候，每年总有很长的时间在外考察，在地质调查所及北京大学教书的时候，不但以身作则实地旅行，而且坚决主张全体学生必须做一定实地工作。《地质汇报》第一号中，在君先生序文首引德人李希霍芬书中的话，他说“中国学者只知安坐室内不能吃

前中央研究院總幹事科學教育家

丁文江先生

近代中國教育人物像傳之一—傳任敢輯

在君先生（一八八七——一九三六）的死是中國的大損失，『人之云亡，邦國殄瘁！』人才如此難得，像在君先生的人中國能有幾個？在君先生是開始中國地質學工作之一人，他的功績特別是在實行野外調查，在這一方面講，他是中國地質學界惟一的人物。他在歐洲畢業後便從陸地經過雲南回來，進了農商部便專心做他的實地調查工作。做地質調查所所長的時候，每年總有很長的時間在外考察，在地質調查所及北京大學教書的時候，不但以身作則實地旅行，而且堅決主張全體學生必須做一定實地工作。地質彙報第一號中，在君先生序文首引德人李希霍芬書中的話，他說『中國學者只知安坐室內不能吃苦登山，所以他種科學或能發達，惟有地質學中國人決不能做』，在君先生接下便說，現在我們已證明此話並不可靠了，中國地質學者登山涉水的工夫並不讓人。這種工夫的養成全出在君先生熱力提倡之力。近年來在君先生做中央研究院的總幹事。他的工作第一在促進各研究所切實研究，把不能工作的人撤換了，把能工作的人請進來，而且與他們商定應解決的問題，應進行的步驟。第二在詳實規定各研究所的開支，各所的預算很真實的按照他們一年度應做工作之必需數目來規定，省下來的錢用以舉辦以前未做的工作，其結果是工作加多而開支減少。他並成立評議會

，實際完成了全國科學院應有的組織。做這種事不但要熱心毅力，而且要有充分的專門科學的知識與經驗，在君先生死去之後，我想要找相當的繼任人一定是很不易的。在君先生的知識並不限於地質學與地理學，他對西南諸民族曾自行測量，他對全國人種曾搜集最完全的材料，他曾編動物學教科書，他也曾想用科學方法寫中國歷史，他真有極廣博的知識。在君先生不但是科學家，而且是事業家，他曾做北票煤礦公司經理，用極少數的資本，能開採很多量的煤，國內煤礦極少能比得上的。他曾做淞滬商埠總辦，收回司法權，提倡公共衛生，創立大上海市的計劃，後來市政府的規模有許多部分都由那時開始。他對中國的礦業交通以及軍事都有很深的研究，而且他的知識，特重事實，不託空言，這都從他的著作中可以證明。在君先生對於政治是很熱心的，在這樣困難的環境中有志之士努力奮鬥，本是當然責任。但他的政治運命太不幸了。像他那樣實事求是的人物，當然凡事都從實際上去做，一切虛名是不足計較的，但正惟如此，曾使他受了多少極冤枉的誤會。近來幾年國勢愈危，他心中的悲痛自亦愈甚，他不但日夜不倦的爲他小範圍以內的職務努力，而且更不斷的考慮國家的出路與民族的生命。我曾聞他對青年朋友痛說：『有知識的人應刻苦用功，要有成績的貢獻。而且要有規律的人格，國家或亡，但我們必須留下不可亡的國民。』他又歎息政治的太不澈底，因而很矛盾的說政治生活是幹不得的，因爲不能凡事誠意的做。聽了這種感慨正可想見他心中的非常痛苦。字林西報曾爲他特著一篇論文，題目是『一個真愛國者』（A True Patriot），這真是在君先生最好的謚號。在君先生留給我們的不但是領導的能力和模範的人格，而他本身所做的科學工作，亦有極偉大的成績。他游跡所及範圍極廣，在滇黔桂諸省尤有詳細的研究。他對於西南諸省地質地理和人種學知識的豐富，在全國很不易有人能相頡頏。他已出版的著作雖已甚多，但與可出版而尚未出版的材料相比較，那便真正太少了。這是一件非常可惜的事，因著作總是自己寫的好，即使我們能將他的遺著整理發表，（當然我們一定要做的，一息尚存此志不怠。）如何能及得他自己做的呢。所以未及充分發表者，實因在君先生對於科學文字看得非常重要，他必要將各種問題研究得澈底明白毫無疑問方肯下筆，而且又特別講究繪圖的精密，地形地質都一絲不能苟且，如此慎重當然出版不易很多了。這種辦法在中國科學界出版太濫的時候，却是一種很好的反劑。在君先生在中國地質學界中無疑的足稱先輩。不但他的工作開始較早，而尤在他對於其他人才援引甚力，指導特殷。我們試追想他曾如何費力薦李四光先生做北大教授，如何用心做西南地質調查計劃使趙亞曾先生等分途進行，如何有見識的堅持黃汲清先生在瑞士必須做構造地質的實地工作，但不要在遼遠地方寫一知半解的中國地質論文。他有用人之明，他更能用人之長。在君先生待人是頂好的，不但鼓勵青年努力爲學，即對其他朋友都是忠誠肫摯，毫無假飾。他希望他人好好的做人與他自己的期待一樣，他人如果做錯了事，他終是直言相告，和他交情愈厚的人他說話也愈直爽，『益友直諒多聞，』待人固當如此，這正是他最忠實的地方，亦最足以感動他人，所以他的好朋友特別多，特別愛他，聞知他死的消息，一定有許多人要墮淚，要悲悶，要歎息中國失去了一個極好的人才，不但平時與他要好的人如此，即是平素與他無甚深交的人也會有同樣感想。我對於在君先生平時所希望的，一是把他自己調查的地質地理與人種的知識，都繪圖加說的寫出來。二是能有機會爲國家做幾種真正的事業。現在這種希望盡成空了。但是只他已寫的文與已做的事，已給我們極大的貢獻與極好的模範。（丁先生尚無正式傳略行世，此錄翁文灝作追悼丁在君先生。）

苦登山，所以他种科学或能发达，惟有地质学中国人决不能做”，在君先生接下便说，现在我们已证明此话并不可靠了，中国地质学者登山涉水的功夫并不让人。这种功夫的养成全出在君先生热力提倡之力。近年来在君先生做中央研究院的总干事。他的工作第一在促进各研究所切实研究，把不能工作的人撤换了，把能工作的人请进来，而且与他们商定应解决的问题、应进行的步骤。第二在详实规定各研究所的开支，各所的预算很真实地按照他们一年度应做工作之必需数目来规定，省下来的钱用以举办以前未做的工作，其结果是工作加多而开支减少。他并成立评议会，实际完成了全国科学院应有的组织。做这种事不但要热心、毅力，而且要有充分的专门科学的知识与经验，在君先生死去之后，我想要找相当的继任人一定是很不易的。在君先生的知识并不限于地质学与地理学，他对西南诸民族曾自行测量，他对全国人种曾搜集最完全的材料，他曾编动物学教科书，他也曾想用科学方法写中国历史，他真有极广博的知识。在君先生不但是科学家，而且是事业家，他曾做北票煤矿公司经理，用极少数的资本，能开采很多量的煤，国内煤矿极少能比得上的。他曾做淞沪商埠总办，收回司法权，提倡公共卫生，创立大上海市的计划，后来市政府的规模有许多部分都由那时开始。他对中国的矿业、交通以及军事都有很深的研究，而且他的知识，特重事实，不托空言，这都从他的著作中可以证明。在君先生对于政治是很热心的，在这样困难的环境中有志之士努力奋斗，本是当然责任。但他的政治运命太不幸了。像他那样实事求是的人物，当然凡事都从实际上去做，一切虚名是不足计较的，但正惟如此，曾使他受了多少极冤枉的误会。近来几年国势愈危，他心中的悲痛自亦愈甚，他不但日夜不倦地为他小范围以内的职务努力，而且更不断地考虑国家的出路与民族的生命。我曾闻他对青年朋友痛说："有知识的人应刻苦用功，要有成绩的贡献。而且要有规律的人格，国家或亡，但我们必须留下不可亡的国民。"他又叹息政治的太不彻底，因而很矛盾地说政治生活是干不得的，因为不能凡事诚意地做。

听了这种感慨正可想见他心中的非常痛苦。《字林西报》曾为他特著一篇论文，题目是《一个真爱国者》（*A True Patriot*），这真是在君先生最好的谥号。在君先生留给我们的不但是领导的能力和模范的人格，而他本身所做的科学工作，亦有极伟大的成绩。他游迹所及范围极广，在滇、黔、桂诸省尤有详细的研究。他对于西南诸省地质、地理和人种学知识的丰富，在全国很不易有人能相颉颃。他已出版的著作虽已甚多，但与可出版而尚未出版的材料相比较，那便真正太少了。这是一件非常可惜的事，因著作总是自己写的好，即使我们能将他的遗著整理发表（当然我们一定要做的，一息尚存此志不怠），如何能及得他自己做的呢。所以未及充分发表者，实因在君先生对于科学文字看得非常重要，他必要将各种问题研究得彻底明白、毫无疑问方肯下笔，而且又特别讲究绘图的精密，地形、地质都一丝不能苟且，如此慎重当然出版不易很多了。这种办法在中国科学界出版太滥的时候，却是一种很好的反剂。在君先生在中国地质学界中无疑地足称先辈。不但他的工作开始较早，而尤在他对于其他人才援引甚力，指导特殷。我们试追想他曾如何费力荐李四光先生做北大教授，如何用心做西南地质调查计划使赵亚曾先生等分途进行，如何有见识地坚持黄汲清先生在瑞士必须做构造地质的实地工作，但不要在辽远地方写一知半解的中国地质论文。他有用人之明，他更能用人之长。在君先生待人是顶好的，不但鼓励青年努力为学，即对其他朋友都是忠诚肫挚，毫无假饰。他希望他人好好地做人，与他自己的期待一样。他人如果做错了事，他终是直言相告，和他交情愈厚的人他说话也愈直爽，“益友直谅多闻”，待人固当如此，这正是他最忠实的地方，亦最足以感动他人，所以他的好朋友特别多，特别爱他，闻知他死的消息，一定有许多人要堕泪，要悲闷，要叹息中国失去了一个极好的人才，不但平时与他要好的人如此，即是平素与他无甚深交的人也会有同样感想。我对于在君先生平时所希望的，一是把他自己调查的地质、地理与人种的知识，都绘图加说地写出来；二是能有机会为国家做几种真正的事业。

现在这种希望尽成空了。但是只他已写的文与已做的事，已给我们极大的贡献与极好的模范。（丁先生尚无正式传略行世，此录翁文灏作《追悼丁在君先生》）

原载《中华教育界》二十四卷第九期，
一九三七年三月

首创师范学校的张焕纶先生

张先生焕纶，字经甫，江苏上海县（今属上海市）人。少有大志，肄业龙门书院，为住院生，兴化刘先生熙载高第弟子也。博极群书，以舆地学为经世之本。苏松太道冯先生焌光，建设求志书院，分六科课士，延主舆地斋讲席，兼属论次有史以来兵事专述所据地理之得失，著《历代方略纪要》。而冯先生弃官觅亲骨于伊犁，事遂中辍。感科举之溺人，救时人才之匮乏，日思以实学培后进，储为国用。光绪戊寅（1878年），偕川沙（今属上海浦东新区）沈成浩，同邑徐基德、范本礼，暨弟焕符，创立正蒙书院，就学者即四十余人。众诧为未经见，疑忌丛集；顾成效日著，生徒日进。其始以经费无

張煥綸先生

首創師範學校的

近代中國教育人物像傳之一——傅任敢輯

張先生煥綸，字經甫，江蘇上海縣人。少有大志，肄業龍門書院，爲住院生，興化劉先生熙載高第子也。博極羣書，以輿地學爲經世之本。蘇松太道馮先生焌光，建設求志書院，分六科課士，延主輿地齋講席，兼屬論次有史以來兵事專述所據地理之得失，著歷代方略紀要。而馮先生棄官見親骨於伊犂，事遂中輟。感科舉之溺人，救時人才之匱乏，日思以實學培後進，儲爲國用。光緒戊寅，偕川沙沈成浩，同邑徐基德、范本禮，暨弟煥符，創立正蒙書院，就學者即四十餘人。衆詫爲未經見，疑忌叢集；顧成效日著，生徒日進。其始以經費無出，任教職者，均不取脩脯，特同邑姚天來資助者五年。辛巳壬午間，道廳縣睹其成績，迭相提倡。洎餘姚邵先生友濂任蘇松太道，爲籌基本金，建校舍，以地枕梅溪，改名梅溪書院，即今梅溪學校是也。嘗謂：『育材以讀書爲體，治事爲用。』師宋儒胡安定經藝治事分齋遺意，供像，率諸生歲時禮敬，又謂：『儒者有五蔽：蔽於考據瑣屑，則儒而賈；蔽於詞章塗澤，則儒而優；蔽於理學元虛，則儒而釋；蔽於象數禍福，則儒而巫；蔽於富貴利祿，直儒而賊矣。去此五蔽，通獲一道。』故其立教，以明義理，識時務，體用兼備爲主旨。其教科爲國文、輿地、經史、時務、格致、數學、歌詩等，甲申年始增英、法文，旁及灑掃應對進退，與夫練身習武之術，有擊球、投沙囊、投壺、習射、蹴踘、超距、八段錦諸課。分日輪習。尤尊重德育，選古人嘉言懿行爲常課。以六條目爲教品勉學之鵠，曰和厚，曰肅靜，曰勤奮，曰樸懇，曰敏捷，曰整潔。其於學生，若父兄之愛子弟，就其飲食衣服起居，而一一導之以軌範。又如將帥之部勒其士卒，自晨動至晦休，各有定程。膳有師同席，宿有師同舍，班置班長，齋置齋長，督之以學長。游息時則由學長、齋長遞相監護，而統以一教員。一以養成其服從規律習慣，一以試驗其管理才也。中法之役，偕學生受軍事訓練，率之夜巡城廂，閭閻舉者皆知其爲梅溪生矣。南洋公學之肇始於丙申也，聘任爲總教，一循梅溪成法而擴大之。特設師範班，爲吾國有師範學校之始。作警醒歌以勗諸生，校以外亦多傳誦之。翌年設外院，資師範生之實習。方次第設中院、上院，備大中小學於一校，病作而去職。或云：以不獲悉行其志，託疾而行也。果久於其職，所造當益宏遠。既去公學，壹瘁於梅溪，終其身，二十年間被其教澤者數千人。卒年六十，門人私謚曰宏毅先生。論曰：先生以經世才從事教育，其動機蓋伏於強鄰之環伺，禍至之無日，思以興學挽救之。時則琉球甫吞於日，越南未棄於法，洞燭時變，可云先覺矣！邵先生之撫台灣也，以風契而延攬之，倘一小試其吏才，未竟所長也！獨此陶鑄時彥，警醒後學之精神，猶令人於國體變更後，溯流風於學制繁然之日，詎非感人者深歟！（錄沈恩孚：張煥綸先生傳略。）

出，任教职者，均不取脩脯，恃同邑姚天来资助者五年。辛巳壬午（1881—1882年）间，道厅县睹其成绩，迭相提倡。洎余姚邵先生友濂任苏松太道，为筹基本金，建校舍，以地枕梅溪，改名梅溪书院，即今梅溪学校是也。尝谓：“育材以读书为体，治事为用。”师宋儒胡安定经艺、治事分斋遗意，供像，率诸生岁时礼敬。又谓：“儒者有五蔽：蔽于考据琐屑，则儒而贾；蔽于词章涂泽，则儒而优；蔽于理学元虚，则儒而释；蔽于象数祸福，则儒而巫；蔽于富贵利禄，直儒而贼矣。去此五蔽，乃获一通。”故其立教，以明义理、识时务、体用兼备为主旨。其教科为国文、舆地、经史、时务、格致、数学、歌诗等。甲申年（1884年）始增英、法文，旁及洒扫、应对、进退，与夫练身习武之术，有击球、投沙囊、投壶、习射、蹴鞠、超距、八段锦诸课。分日轮习。尤尊重德育，选古人嘉言懿行为常课。以六条目为敦品勉学之鹄，曰和厚，曰肃静，曰勤奋，曰精熟，曰敏捷，曰整洁。其于学生，若父兄之爱子弟，就其饮食、衣服、起居，而一一导之以轨范。

又如将帅之部勒其士卒，自晨动至晦休，各有定程。膳有师同席，宿有师同舍，班置班长，斋置斋长，督之以学长。游息时则由学长、斋长递相监护，而统以一教员。一以养成其服从规律习惯，一以试验其管理才也。中法之役，俾学生受军事训练，率之夜巡城厢，闻履声者皆知其为梅溪生矣。南洋公学之肇始于丙申（1896 年）也，聘任为总教，一循梅溪成法而扩大之。特设师范班，为吾国有师范学校之始。作《警醒歌》以勖诸生，校以外亦多传诵之。翌年设外院，资师范生之实习。方次第设中院、上院，备大中小学于一校，病作而去职。或云："以不获悉行其志，托疾而行也。果久于其职，所造当益宏远。"既去公学，尽瘁于梅溪，终其身，二十年间被其教泽者数千人。卒年六十，门人私谥曰宏毅先生。论曰："先生以经世才从事教育，其动机盖怵于强邻之环伺，祸至之无日，思以兴学挽救之。时则琉球甫吞于日，越南未弃于法，洞烛时变，可云先觉矣！邵先生之巡抚台湾也，以夙契而延揽之，偶一小试其吏才，未竟所长也！独此陶铸时彦，警醒后学之精神，犹令人于国体变更后，潮流风于学制灿然之日，讵非感人者深欤！”（录沈恩孚编《张焕纶先生传略》）

原载《中华教育界》二十四卷第十期，
一九三七年四月

主张教养兼施的山东教育先进王朝俊先生

公讳朝俊，字鸿一，山东郓城人。少孤，依母乡居。睹贫民饥寒，时感不安，隐抱康济之志。弱冠入邑庠，以高材生选入省城高等学堂；旋留学东渡，入东京宏文学院。及毕业返国，在曹州办理学务。时科举未停，风气闭塞，公力加提倡；继续设立师范、中学、警察、高小等校。复以曹属多匪，创办土匪自新学堂，教以技能，晓以利害；匪多潜移默化，变为良民。当局以公成绩优良，擢为省视学。维时清廷失政，人心瓦解，公乃联合同志，努力革命事业。民国成立，任山东提学使。公将旧日腐化官僚尽行铲除，选拔各学校最优秀、最革命之分子，作极健全、极有力之组织。全省教育焕然一

主張教養兼施的山東教育先進

王朝俊先生

近代中國教育人物像傳之一 ——傳任敎 輯

公諱朝俊，字鴻一，山東鄆城人。少孤，依母鄉居。親貧民飢寒，時感不安，隱抱康濟之志。弱冠入邑庠，以高材生選入省城高等學堂；旋留學東渡，入東京宏文學院。及畢業返國，在曹州辦理學務。時科舉未停，風氣閉塞，公力加提倡；繼續設立師範，中學，警察，高小等校。復以曹屬多匪，創辦土匪自新學堂，教以技能，曉以利害；匪多潛移默化，變為良民。當局以公成績優良，擢為省視學。維時清廷失政，人心瓦解，公乃聯合同志，努力革命事業。民國成立，任山東提學使。公將舊日腐化官僚盡行剷除，選拔各學校最優秀最革命之分子，作極健全極有力之組織。全省教育煥然一新。乃以袁氏隱蓄異志，仇視民黨，當局迫公脫黨，並對公用人行政，多所干預。公乃斷然挂冠，回曹辦學。後公乃專力地方教養事業；一面提倡草帽辮等種種家庭工業，以裕貧民經濟，一面對曹州中學內容，力加整頓，並聘教育專家叢漣珠等主持其事，樸學力行，蔚成風氣。二十年來，曹中人才輩出，在社會多所建白，公實植其基也。民五袁氏傾覆，魯督張懷芝起用公為政務廳長，復擬任公為黃河三游督辦，公均薦賢自代，辭不就職。乃偕同省議會議長張介禮等，聯合地方知名之士，組織地方政治討論會；復聯合教育實業專門人才，組織教育實業研究會，以地方人士討論研究之所得，作地方政府採擇實施之方案。因之政治蒸蒸日上，礦習各專門學校，農事蠶絲，魚業，棉業，各試驗場，均是時成立。民七當選省議會議長，更積極提倡地方事業，如各學校經費之擴充，留學生額數及學生補助費額數之增加，各縣勸業所之設立，均次第實現。復以巴黎和會拒簽問題，領導全省民衆團體及全體學生，作大規模之請願運動，爭國家之主權，作政府之後盾。嗣以共產學說輸入，青年多受麻醉。公慷然心憂，以為共產主義係反抗歐美資本主義而產生，中國乃大致均平之農業社會，既無大資本家之存在，自無實行共產之必要。中國文化乃本於人類之同情心，以至仁至誠，成己成物；以所愛及所不愛；以不忍達其所忍；實人類共存共榮之王道文化。欲躋世界於大同，非中國文化不為功。維時北大教授梁漱溟來魯講演東西文化及其哲學，公一見傾佩，深相交納。乃商榷昌明中國文化步驟，並認定勵行村治為實行之最有效方法，遂在曹州設重華書院，在北平辦中華日報村治月刊，在百泉設村治學院，以為本中國文化精神，改造中國政治社會之準備。公復以華北人稠地少，生計艱難，乃建議魯省府，向西北移民。又聯合冀豫兩省同志，合組西北墾殖公司，並在墾地設置新村，以為實施中國教養政治之試驗。民十，孫中山先生擬出師北伐，公在華北準備響應，孫先生手函獎許。及十三年民黨改組，再謀北伐，國民二軍，進據河南。公乃與同志呂秀文等在曹州組織國民五軍，為河南聲援。旋以衆寡不敵，失敗，公乃暫避於北平亞德大樓。然對於華北革命工作，仍無日不在策動之中。十五六年，民軍光復甯漢，公遂商同同志王金韜，在滕州獨立，陳以桑在膠州獨立，呂秀文率部直踏隴海。公則來往於太原鄭州之間，與華北革命領袖共商協助民軍計畫。惟當時清黨未久，思想龐雜，青年學子，猶多受共黨迷惑。公乃本其發揚中國文化之主張，在豫陝甘三省建設設計委員會，提出建議中央確定中國文化重心案。認定中國文化根本在傳統之倫理觀念。及大學院發表廢止祀孔命令，公復致書大學院長蔡元培，將孔子學說與民黨主義一貫之旨，反覆申辨，以防止國人迷惑。十七年北伐完成，公入都訪謁各黨國領袖，直抒襟抱，乃以積勞過度，舉疾北歸。病體纏延，久而不愈。雖有時力疾周旋于各當道之間，冀其生平主張萬一之實現，然形隔勢禁，已不可為矣。民十九年七月，歿于北平德國醫院，春秋五十有五。（節錄王鴻一先生遺文中之王鴻一先生傳略。）

主张教养兼施的山东教育先进王朝俊先生

新。乃以袁氏隐蓄异志，仇视民党，当局迫公脱党，并对公用人行政，多所干预。公乃断然挂冠，回曹办学。后公乃专力地方教养事业：一面提倡草帽辫等种种家庭工业，以裕贫民经济；一面对曹州中学内容，力加整顿，并聘教育专家丛涟珠等主持其事，朴学力行，蔚成风气。二十年来，曹中人才辈出，在社会多所建白，公实植其基也。民五（1916年）袁氏倾覆，鲁督张怀芝起用公为政务厅长，复拟任公为黄河三游督办，公均荐贤自代，辞不就职。乃偕同省议会议长张介礼等，联合地方知名之士，组织地方政治讨论会；复联合教育实业专门人才，组织教育实业研究会，以地方人士讨论研究之所得，作地方政策采择实施之方案。因之政治蒸蒸日上，矿医各专门学校，农事蚕丝、渔业、棉业各试验场，均是时成立。民七当选省议会议长，更积极提倡地方事业，如各学校经费之扩充，留学生额数及学生补助费额数之增加，各县劝业所之设立，均次第实现。复以巴黎和会拒签问题，领导全省民众团体及全体学生，作大规模之请愿运动，争国家之主权，作政府之后盾。……中国文化乃本于人类之同情心，以至仁至诚，成己成物；以所爱及所不爱；以不忍达其所忍；实人类共存共荣之王道文化。欲跻世界于大同，非中国文化不为功。维时北大教授梁漱溟来鲁讲演东西文化及其哲学，公一见倾佩，深相交纳。乃商榷昌明中国文化步骤，并认定励行村治为实行之最有效方法，遂在曹州设重华书院，在北平（今北京）办《中华日报》《村治月刊》，在百泉设村治学院，以为本中国文化精神，改造中国政治社会之准备。公复以华北人稠地少，生计艰难，乃建议鲁省府，向西北移民。又联合冀、豫两省同志，合组西北垦殖公司，并在垦地设置新村，以为实施中国教养政治之试验。民十，孙中山先生拟出师北伐，公在华北准备响应，孙先生手函奖许。及十三年民党改组，再谋北伐，国民二军，进据河南。公乃与同志吕秀文等在曹州组织国民五军，为河南声援。旋以众寡不敌，失败，公乃暂避于北平亚德大楼。然对于华北革命工作，仍无日不在策动之中。十五六年，民军光复宁汉，公遂商同同志王金韬，在滁州独立，陈以燊在胶州独立，吕秀文率部直蹈陇海。公则来往于太原、郑州之间，与华北革命领袖共商协助民军计划。惟当时清党未久，思想庞杂……公乃本其发扬中国文化之主张，在豫、陕、甘三省建设设计委员会，提出建议中央确定中国文化重心案，认定中国文化根本在传统之伦理观念。及大学院发表废止祀孔命令，公复致书大学院长蔡元培，将孔子学说与民党主义一贯之旨，反复申辩，以防止国人迷惑。十七年北伐完成，公入都访谒各党国领袖，直纾襟抱，乃以积劳过度，婴疾北归。病体缠延，久而不愈。虽有时力疾周旋于各当道之间，冀其生平主张万一之实现，然形隔势禁，已不可为矣。民十九年七月，没于北平德国医院，春秋五十有五。（节录王鸿一先生遗文中之《王鸿一先生传略》）

原载《中华教育界》二十四卷第十期，
一九三七年四月

京师大学堂总教习吴汝纶先生

吴汝纶，字挚父，桐城人也。父元甲，举孝廉方正。仁慈博爱，养育宗亲十数人，家日以贫。汝纶幼刻苦向学。尝得一鸡子，不食，易松脂以照读书。笃嗜古文辞，私淑同里姚郎中鼐。同治乙丑年（1865年）举进士，用内阁中书，受知曾文正国藩。国藩督两江，奏调改外留幕府，学益宏肆。补直隶深州。比丁外内艰，服除，署天津府，补冀州。汝纶为政，于世所矜尚为名高者，一不屑，独留意教化，不惮贵势。借深州诸村已废学田，为豪民侵夺者千四百余亩，入书院，资膏火。聚一州三县高材生，亲教课之，民忘其吏，推为大师。会以忧去，豪民至交通御史，以坏村学弹奏，还其田。及莅冀州，仍锐意兴

京師大學堂總教習

吳汝綸先生

近代中國教育人物像傳之一——傅任敢輯

吳汝綸，字摯父，桐城人也。父元甲，舉孝廉方正。仁慈博愛，養育宗親十數人；家日以貧。汝綸幼刻苦向學。嘗得一雞子，不食，易松脂以照讀書。篤嗜古文辭，私淑同里姚郎中鼐。同治乙丑年舉進士，用內閣中書，受知曾文正國藩。國藩督兩江，奏調改外留幕府，學益宏肆。補直隸深州。比丁外內艱，服除，署天津府，補冀州。汝綸爲政，於世所矜尚爲名高者，一不屑，獨留意教化，不憚貴勢。籍深州諸村已廢學田，爲豪民侵奪者千四百餘畝，入書院，資膏火。聚一州三縣高材生，親教課之，民忘其吏，推爲大師。會以憂去，豪民至交通御史，以壞村學彈奏，還其田。及蒞冀州，仍鋭意興學。深冀二州文教斐然，冠畿輔。時時求其士之賢有文者，禮先之，得十許人。自謂每得一士，踰戰勝而得一國，不足喻其喜也。數十許人皆守高，不喜親官府。汝綸強起之，月一會書院，議所施爲興革，於民便不便，率不依常格。以是，得循能聲。汝綸亦不樂久官。其所事大吏，國藩後爲李鴻章，皆期以國士，有要政必與謀議，草奏。保定蓮池院長武昌張裕釗將返鄂，會汝綸以公事自冀州至。鴻章問誰可繼張院長者，裕釗故以文學與汝綸同出國藩門，爲深友，兩家弟子相通流。汝綸漫應曰：「如某何」？鴻章曰：「安所得師如二君者？」汝綸退，即具牘借銜清苑印，稱疾乞休。鴻章覽牘大驚！明日，汝綸持名帖至總督署，稱院長拜謁矣。汝綸刻苦勵學，其好文出天性。周秦古籍，太史公揚、班、韓、柳，以逮近世姚、曾諸家之書，丹黄不去手。以爲文者，天地之至精至美；苟入之不深，其精神意脈，一有失，則所載之道與事，舉無幸焉。其教治學，必本周秦古籍，由訓詁以通其文辭。要以能知當世之變，備緩急。故博物格致機械之用，必取資於歐若美，得其長，乃能與鄰者比肩横厲，坐立不趨屈。以是，樂與西士遊，而日本之慕文章者，亦踔海來請業。會朝旨採西法，開大學堂於京師，管學大臣張伯熙，奏薦汝綸加五品卿銜，總教務，固辭不獲，則請赴日本考學制。既至日本，上至其國君相，及教育名家婦孺學子，皆備禮接款，求請題詠，更番踵至。時，吾國留學諸生，與使臣蔡乃煌交鬨，汝綸素爲學生景附，學生頗望汝綸舉助，汝綸念國體所在，欲兩予全濟，而未有經術。乃煌頗疑汝綸有所左右，蜚語至都，汝綸因浩然求決去。返國，乞先假省墓，與辦桐城小學，挾日本教師一人同至，規制粗立。將行，遽以疾卒。年六十四，著易説二卷，寫定尚書一卷，尚書故三卷，夏小正私箋一卷，文集四卷，詩集一卷，尺牘七卷，深州風土記二十二卷，東遊叢錄四卷。（節錄馬其昶所撰吳先生墓誌銘。）

学。深、冀二州文教斐然，冠畿辅。时时求其士之贤有文者，礼先之，得十许人。自谓每得一士，虽战胜而得一国，不足喻其喜也。数十许人皆守高，不喜亲官府。汝纶强起之，月一会书院，议所施为兴革，于民便不便，率不依常格。以是，得简伉声。汝纶亦不乐久官。其所事大吏，国藩后为李鸿章，皆期以国士，有要政必与谋议，草奏。保定莲池院长武昌（今湖北鄂州）张裕钊将返鄂，会汝纶以公事自冀州至。鸿章问谁可继张院长者，裕钊故以文学与汝纶同出国藩门，为深友，两家弟子相通流。汝纶漫应曰："如某何？"鸿章曰："安所得师如二君者？"汝纶退，即具牍借钤清苑印，称疾乞休。鸿章览牍大惊！明日，汝纶持名帖至总督署，称院长拜谒矣。汝纶刻苦励学，其好文出天性。周秦古籍、太史公、杨、班、韩、柳，以逮近世姚、曾诸家之书，丹黄不去手。以为文者，天地之至精至美；苟入之不深，其精神意脉，一有失，则所载之道与事，举无幸焉。其教治学，必本周秦古籍，由训诂以通其文辞。要以能知当世之变，备缓急。故博物、格致、机械之用，必取资于欧若美，得其长，乃能与勍者比肩横肱，坐立不俯屈。以是，乐与西士游，而日本之慕文章者，亦踔海来请业。会朝旨采西法，开大学堂于京师，管学大臣张百熙，奏荐汝纶加五品卿衔，总教务，固辞不获，则请赴日本考学制。既至日本，上至其国君相，及教育名家、妇孺学子，皆备礼接款，求请题咏，更番踵至。时，吾国留学诸生，与使臣蔡乃煌交哄，汝纶素为学生景附，学生颇望汝纶声助，汝纶念国体所在，欲两予全济，而未有经术。乃煌颇疑汝纶有所左右，蜚语至都，汝纶因浩然求决去。返国，乞先假省墓，兴办桐城小学，挟日本教师一人同至，规制粗立。将行，遽以疾卒。年六十四，著《〈易〉说》二卷、《写定〈尚书〉》一卷、《〈尚书〉故》三卷、《〈夏小正〉私笺》一卷、《文集》四卷、《诗集》一卷、《尺牍》七卷、《深州风土记》二十二卷、《东游丛录》四卷。（节录马其昶所撰《吴先生墓志铭》）

原载《中华教育界》二十四卷第十一期，

一九三七年五月

努力慈善、文化事业的叶鸿英先生

叶鸿英先生名逵，原籍福建，寄籍上海，少时曾赴日本北海道函馆游学，并在长崎经营商业。年二十二岁时，与友人合股创源润昌号于上海，经营日本、高丽、海参崴各埠进出口货业，壮岁而后，商事经营，谋猷益展。自油厂、棉花、棉纱等之新工业，以至南洋群岛之进出口事业，均莫不获利盈夥，蔚成巨业。先生既以实业致殷富，则肆力于慈善及文化事业，曾创办启蒙义务夜校，为上海市立养正小学之始基。更与苏本铫氏合力创办民立中学，两校均誉驰江浙，造就人才至众。先生一生睦姻恤族，救济各省水旱灾荒，斥资耗财，盖数十万，而最传誉人口，有毅力，有眼光，有计划，而又能放

努力慈善文化事業的

葉鴻英先生

近代中國教育人物像傳之一——倪文宙增輯

葉鴻英先生名逵，原籍福建，寄籍上海，少時曾赴日本北海道函館遊學，並在長崎經營商業。年二十二歲時，與友人合股創源潤昌號於上海，經營日本高麗海參威各埠進出口貨業，壯歲而後，商事經營，謀猷益展。自油廠、棉花、棉紗等之新工業，以至南洋羣島之進出口事業，均莫不獲利盈餘，蔚成鉅業。先生既以實業致殷富，則肆力於慈善及文化事業，曾創辦啓蒙義務夜校，爲上海市立養正小學之始基。更與蘇本銚氏合力創辦民立中學，兩校均譽馳江浙，造就人才至衆。先生一生睦婣鄉族，救濟各省水旱災荒，斥資耗財，蓋數十萬，而最傳譽人口，有毅力，有眼光，有計劃，而又能放手任賢，斥鉅資辦教育，開東南之創例者，厥爲特撥私財五十萬金，設鴻英圖書館及鴻英鄉村義務小學。是項基金組有董事會經營，一切任之賢者能者，先生則超然泊然不瑣瑣以一己之意，預事業之設計推行，其用意，蓋暗合近世斥資捐助公共事業之基本原則焉。先生卒於今年春初，享年七十八歲。（據葉先生行述）

手任贤，斥巨资办教育，开东南之创例者，厥为特拨私财五十万金，设鸿英图书馆及鸿英乡村义务小学。是项基金组有董事会经营，一切任之贤者、能者，先生则超然泊然不琐琐以一己之意，预事业之设计推行，其用意，盖暗合近世斥资捐助公共事业之基本原则焉。先生卒于今年春初，享年七十八岁。（据《叶先生行述》）

原载《中华教育界》二十四卷第十一期，
一九三七年五月

实验教育之前驱杨保恒先生

公讳保恒，字月如，家居上海浦东洋泾区。一生尽力于教育事业，实为我国实验教育之创始者。公初亦曾习举子业，入上海县学。后在上海龙门书院从项莲生先生游，攻史、算等学。民国纪元前十年，东渡日本，学习师范，当年回国。翌年正月，创设私立廿二铺小学堂于上海城内廿二铺愍忠祠。是即公开始施行实验教育之时期也。越二年，龙门书院改办苏松太道立龙门师范学堂，公任教育科教员。为教生实习计，遂改私立廿二铺小学堂为苏松太道立龙门师范学堂附属小学。是时公益殚力于实验教育。举凡方今国内各实验小学正极重视之各种儿童生活，公在二十余年前，已尝一一实验。民国

實驗教育之前驅

楊保恆先生

近代中國教育人物像傳之一 ——傳任敦輯

公諱保恆，字月如，家居上海浦東洋涇區。一生盡力於教育事業，實爲我國實驗教育之創始者。公初亦曾習舉子業，入上海縣學。後在上海龍門書院從項蓮生先生遊，攻史算等學。民國紀元前十年，東渡日本，學習師範，當年回國。翌年正月，創設私立廿二鋪小學堂於上海城內廿二鋪愍忠祠。是即公開始施行實驗教育之時期也。越二年，龍門書院改辦蘇松太道立龍門師範學堂，公任教育科教員。爲教生實習計，遂改私立廿二鋪小學堂爲蘇松太道立龍門師範學堂附屬小學。是時公益殫力於實驗教育。舉凡方今國內各實驗小學正極重視之各種兒童生活，公在二十餘年前，已嘗一一實驗。民國紀元前三年，公與周維城俞子夷東渡日本，考查單級小學教授方法。合著有單級教授法，刊行於世。回國後，受江蘇省教育會之聘，舉辦單級教授傳習所，爲考查後之實驗。民國元年，公任江蘇省立第一師範學校校長。當以師範教育必須注重實習，故視改進附屬小學爲當務之急。延攬人才，翻建校舍，集會研究，指導實習，籌劃進行，不遺餘力。四年教育部有編纂小學教科書之舉，聘公主持其事，於是奔馳南北，倍極辛勞。五年一月，病歿於今之北平，年四十有四。龍門師範學校附屬小學（今改名江蘇省立上海實驗小學）爲公造銅像，設月如院；江蘇省立第一師範學校附屬小學（今改名江蘇省立蘇州實驗小學）有保恆堂；均所以紀念公施行實驗教育之偉績也。（錄楊聘漁撰楊保恆傳略）

纪元前三年，公与周维城、俞子夷东渡日本，考查单级小学教授方法，合著有《单级教授法》，刊行于世。回国后，受江苏省教育会之聘，举办单级教授传习所，为考查后之实验。民国元年（1912年），公任江苏省立第一师范学校校长。当以师范教育必须注重实习，故视改进附属小学为当务之急。延揽人才，翻建校舍，集会研究，指导实习，筹划进行，不遗余力。四年，教育部有编纂小学教科书之举，聘公主持其事，于是奔驰南北，倍极辛劳。五年一月，病殁于今之北平（今北京），年四十有四。龙门师范学校附属小学（今改名江苏省立上海实验小学）为公造铜像，设月如院；江苏省立第一师范学校附属小学（今改名江苏省立苏州实验小学）有保恒堂，均所以纪念公施行实验教育之伟绩也。（录杨聘渔撰《杨保恒传略》）

原载《中华教育界》二十四卷第十二期，

一九三七年六月

诗人兼教育家刘大白先生

先生讳庆棪，字伯桢，后更名大白。世居浙江绍兴平水镇。生有至性，志行朗迈，落落多奇节。通经史历算之学。以拔贡将入京谒选，会丁父忧，遂罢。初以父师督责，习举业，非其志也。服阕，东渡游学日本。其时清政失御，先生洞瞩世变，首入同盟会，切劘献替，毕殚其力焉。光复后，大政初归于元元，舆情蚩僿，牖导未遑，先生主《绍兴公报》笔政，昌言闳议，取重于时。终以立国至计，重在育材，复赴日本考察军国民教育。归国后，执教鞭于南洋者有年。旋教授杭州一师、绍兴五中、上海复旦大学、杭州国立浙江大学等校算术、国文者，又若干年。所至菁莪乐育，厥绩懋著。十八年

詩人兼教育家

劉大白先生

近代中國教育人物像傳之一——任敢輯

先生諱慶棪，字伯楨，後更名大白。世居浙江紹興平水鎮。生有至性，志行朗邁，落落多奇節。通經史歷算之學。以拔貢將入京謁選，會丁父憂，遂罷。初以父師督責，習舉業，非其志也。服闋，東渡遊學日本。其時清政失御，先生洞矚世變，首入同盟會，切劘獻替，畢殫其力焉。光復後，大政初歸於元元，輿情畫僅，嚮導未遑，先生主紹興公報筆政，昌言闕議，取重於時。終以立國至計，重在育材，復赴日本考察軍國民教育。歸國後，執教鞭於南洋者有年。旋教授杭州一師，紹興五中，上海復旦大學，杭州國立浙江大學等校算術國文者，又若干年。所至菁莪樂育，厥績懋著。十八年國民政府任先生爲教育部次長，時值國中多故，絃誦將絕，先生董理廢遺，振挽頹傾，立事用宏，程功匪尠。惟以積學咯血，於十九年冬解職，養痾於西湖。二十一年舊曆正月六日病歿。先生志在蕃明教學，啓迪民知，故畢生事業，肆力於新聞教育兩界，化循齊俗，甄育英才，騰譽邦國，非偶然矣。洎其貳教部也，以儀型四方，宏濟百度爲己任，而積用不久，教育界至今悼之。先生幼縱於文，斐然有章，晚年，以新舊文學聚訟當世，工語體者，華路始闢，篇章未暢；篤文言者，拘墟舊貫，蕩而不返；先生自抉藩籬，以文言兼爲語體，足言足志，異樂同臻，一時爲新文壇宗匠。居恆廉隅自飭，環堵蕭然，卒之日，貧無以殮，世謂民國官吏如先生者，眞足以垂範後來。所著有新詩集郵吻、再造、丁寧、秋之淚、賣布謠、（均開明書店出版）及中國文學史、文字學概論、白屋文話、白屋詩話（均大江書鋪出版）、舊詩新話（開明書店出版）、五十世紀中國歷年表（商務印書館出版）、中詩外形律詳說（開明書店印，未出版）等。其他遺著多未刊。（錄朱邦達撰劉大白傳略）

（1929年）国民政府任先生为教育部次长，时值国中多故，弦诵将绝，先生董理废遗，振挽颓倾，立事用宏，程功匪鲜。惟以积劳咯血，于十九年冬解职，养疴于西湖。二十一年旧历正月六日病殁。先生志在暮明教学，启迪民知，故毕生事业，肆力于新闻、教育两界，化循齐俗，甄育英才，腾誉邦国，非偶然矣。洎其二教部也，以仪型四方、宏济百度为己任，而积用不久，教育界至今悼之。先生幼纵于文，斐然有章。晚年，以新旧文学聚讼当世，工语体者，荜路始辟，篇章未畅；笃文言者，拘墟旧贯，荡而不返；先生自抉藩篱，以文言兼为语体，足言足志，异乐同臻，一时为新文坛宗匠。居恒廉隅自饬，环堵萧然，卒之日，贫无以殓，世谓民国官吏如先生者，真足以垂范后来。所著有新诗集《邮吻》《再造》《丁宁》《秋之泪》《卖布谣》（均开明书店出版），及《中国文学史》《文字学概论》《白屋文话》《白屋诗话》[1]（均大江书铺出版），《旧诗新话》（开明书店

---

①《白屋诗话》有误，应为《白屋说诗》。——编者注

出版），《五十世纪中国历年表》（商务印书馆出版），《中诗外形律详说》（开明书店印，未出版）等。其他遗著多未刊。（录朱邦达撰《刘大白传略》）

原载《中华教育界》二十四卷第十二期，
一九三七年六月

中国近代科学与科学教育的先驱华蘅芳先生

华蘅芳，江苏金匮（今属无锡）人。年十四，尽通程大位《算法统宗》飞归等题，复探索《数理精蕴》及《九章算术》，学益进。嗣从无锡岁贡邹安鬯游，得读秦九韶、李治、朱世杰诸家书，遂通天元、四元术，校补数书《九章》数百字，皆宋景昌校勘记所未详者。咸丰初，西人鬻书上海，凡代数、几何、微积、重学、博物渐有译本，读而能解者鲜。蘅芳潜心冥索，独推阐而发明之。尝与无锡徐寿讲博物学，时声光化电等器，罕至中国，乃多方搜求，十才得一二。即朝夕研究，遇疑难，必互相讨论，至涣然冰释乃已。曾国藩督师安庆，蘅芳往从之。旋领金陵军械所事，与徐寿绘图，制木质轮船

中國近代科學與科學教育的先驅

華蘅芳先生

近代中國教育人物像傳之一——傅任敢輯

華蘅芳，江蘇金匱人。年十四，盡通程大位算法統宗飛歸等題，復探索數理精蘊及九章算術，學益進。嗣從無錫歲貢鄒安鬯遊，得讀秦九韶，李冶，朱世傑諸家書，遂通天元四元術，校補數書九章數百字，皆宋景昌校勘記所未詳者。咸豐初，西人譯書上海，凡代數、幾何、微積、重學、博物漸有譯本，讀而能解者鮮。蘅芳潛心冥索，獨推闡而發明之。嘗與無錫徐壽講博物學，時聲光化電等器，罕至中國，迺多方搜求，十幾得一二。即朝夕研究，遇疑難，必互相討論，至渙然冰釋乃已。曾國藩督師安慶，蘅芳往從之。旋領金陵軍械所事，與徐壽繪圖，製木質輪船一。推求動理，測算汽機，蘅芳之力爲多。中國能自製輪船自此始。上海創設製造局，建廠置機，蘅芳實董其事。復設繙譯館，與徐壽等分門筆述。所譯算學、地質各書文辭明暢，足兼信達雅三者之長。嘗兩至天津，以微分理解明試彈速率電機之用，製徑五尺氣球，以強水發輕氣實其中，演放飛升，觀者贊歎。中國能製氣球，亦自此始。主講上海格致書院，無錫竢實學堂，於算數、格致、礦路、製造之屬，隨事指示，終日無倦容，所成就者甚衆。蘅芳學問淹通，於經史、詞章、輿地、音律、理化、醫學、工藝等類，無不游其涯涘，抉其精微，然皆爲算學所掩，故世僅以算學名之。其論物理也，尚實驗，似英之培根；其講算術也，能發明新理新例，似英之奈端；其著書也，以淺顯之詞，發精深之理，似宣城之梅文鼎。居滬四十年，所譯著書，有行素軒算稿，代數術，三角數理，地學淺釋，微積溯源，算式解法，防海新論，衛風要術，測候叢談，代數難題，金石識別，凡若干卷。其尤精者，開方別術，併諸商爲一商。海甯李善蘭推爲空前絕後之作，積較術三卷與近時日本譯行推差新法，執徽相同，而積較成書在推差法十數年前，其精思深造可知。外有求乘數法、數根演古、循環小數致、算齋瑣語四種，功未竟而卒。生平潛心老氏之學，澹志榮利。初以監生隨父治團，保六品銜。及從曾國藩軍，以軍功及機器局保案，候選同知直隸州選缺，後升用知府，加運同銜。然務從廉抑，不與世競，敝衣疏食，窮約終身。歿之日，家無餘財。（錄清史儒林華蘅芳列傳）。

一。推求动理，测算汽机，蘅芳之力为多。中国能自制轮船自此始。上海创设制造局，建厂置机，蘅芳实董其事。复设翻译馆，与徐寿等分门笔述。所译算学、地质各书文辞朗畅，足兼信、达、雅三者之长。尝两至天津，以微分理解明试弹速率、电机之用，制径五尺气球，以强水发轻气实其中，演放飞升，观者赞叹。中国能制气球，亦自此始。主讲上海格致书院、无锡竢实学堂，于算数、格致、矿路、制造之属，随事指示，终日无倦容，所成就者甚众。蘅芳学问淹通，于经史、词章、舆地、音律、理化、医学、工艺等类，无不游其涯涘，抉其精微，然皆为算学所掩，故世仅以算学名之。其论物理也，尚实验，似英之培根；其讲算术也，能发明新理新例，似英之奈端；其著书也，以浅显之词，发精深之理，似宣城之梅文鼎。居沪四十年，所译著书，有《行素轩算稿》《代数术》《三角数理》《地学浅释》《微积溯源》《算式解法》《防海新论》《卫风要术》[①]《测

① 《卫风要术》有误，应为《御风要术》。——编者注

候丛谈》《代数难题》[1]《金石识别》，凡若干卷。其尤精者，《开方别术》，并诸商为一商，海宁李善兰推为空前绝后之作。《积较术》三卷与近时日本译行推差新法，轨辙相同，而《积较》成书在推差法十数年前，其精思深造可知。外有《求乘数法》《数根演古》《循环小数考》《算斋琐语》[2]四种，功未竟而卒。生平潜心老氏之学，澹忘荣利。初以监生随父治团，保六品衔。及从曾国藩军，以军功及机器局保案，候选同知直隶州选缺，后升用知府，加运同衔。然务从廉抑，不与世竞，敝衣疏食，穷约终身。殁之日，家无余财。（录《清史·儒林·华蘅芳列传》）

原载《中华教育界》二十五卷第一期，

一九三七年七月

① 《代数难题》有误，应为《代数难题解法》。——编者注

② 《算斋琐语》有误，应为《算学琐语》。——编者注

中国近代科学与科学教育的先驱
华世芳先生

华世芳，蘅芳胞弟。幼颖悟，父翼纶最钟爱之。日课以经史百家之书。甫弱冠，淹贯群籍。兄蘅芳以算学名于时，藏算书数百卷，世芳潜心披阅，不数年，尽窥其奥。学使黄体芳调考算学，肄业江阴南菁书院。光绪十一年（1885年），登拔萃科，旋幕游广东、浙江等省，襄校文学。湖广总督张之洞闻其名，聘充自强学堂算学教习，分编《洋务纂要》，益研究教育新理。二十二年，主讲常州龙门书院，以经、史、舆地、算学四门课士，悉心指授，士论歙然。复兼南菁书院及靖江马洲书院讲席，诱掖奖劝，成就尤多。二十九年，诏开经济特科，瞿鸿机、周馥、张之洞同时保荐，入都应考，再试被遗。

中國近代科學與科學教育的先驅

華世芳先生

近代中國教育人物像傳之一——傳任敏輯

華世芳，蘅芳胞弟。幼穎悟，父翼綸最鍾愛之。日課以經史百家之書。甫弱冠，淹貫羣籍。兄蘅芳以算學名於時，藏算書數百卷，世芳潛心披閱，不數年，盡窺其奧。學使黃體芳觀考算學，肄業江陰南菁書院。光緒十一年，登拔萃科，旋幕游廣東浙江等省，襄校文學。湖廣總督張之洞聞其名，聘充自強學堂算學教習，分編洋務纂要，兼研究教育新理。二十二年，主講常州龍門書院，以經史輿地算學四門課士，悉心指授，士論翕然。復兼南菁書院及靖江馬洲書院講席，誘掖獎勸，成就尤多。二十九年，詔開經濟特科，瞿鴻機、周馥、張之洞同時保薦，入都應考，再試被遺。三十年，充南洋公學總教習。四月，充商部高等實業學堂教習，口講指畫，勞瘁不辭，日課外編輯講義，務詳明曉暢，啓發後人。未幾卒世。芳天性耿介，智識超出儕輩。生平無疾言遽色，力學四十年，無所不通，老而彌篤。嘗苦史志多舛誤，故於古秝素未究心，後見史伯平遺書，補缺正譌，有圖有解，昭若發朦，遂條舉其要旨而序之曰：先生嘗因其友莊續樹言，太初以前無四分法，至劉歆三統，改為八十一分，班固不知算法，誤合為一，續漢志因之，致滋疑議。於是著古秝攷太初秝乾鑿度，著武王伐紂及召誥日月攷。春秋經傳，日月互異，以春秋秝考之，為合於左氏傳，以殷秝考之，為合於春秋經，於是著春秋經傳日月攷。劉洪乾象之月行三道術，為後來論疾遲陰陽者所本，於是著乾象月行三道術詳解。續漢志所載賈逵論及張衡渾天，為言黃赤道差之始，於是著賈逵論秝校錄，張衡渾天校錄。梅氏秝學道斷枝，未及白道交周之理，至於平立定三差之通乎垛積，割圓求矢之取以天元，半弧背差之證以勾股，月蝕時差之生於地心地面之別，皆梅氏所未詳，於是著授時術增解。隋劉焯之皇極術，當時未見行用，而後來麟德大衍諸名家，悉遵用之。隋志所載，訛舛特甚，於是著皇極術校注。唐麟德術世稱精密，大要本於皇極，而五星諸條又建中正元術之所本，於是參攷新舊唐志，著麟德術校注。唐之僧一行，元之郭守敬，皆集曆學大成，新舊錄之加詳，於是釋之亦加詳，著大衍術校注。徐昂宣明術宗大衍而變通之，所易諸法，皆密合術理，於是著宣明術校注。遼崇元術，史稱其用算巧，曉將反覆於乘除間，以與簡捷超徑等接之術，使人昧於本原，顧以便於籌策，人不能廢，於是依術演算，著崇元術校注。周王朴欽天術，好自立異，日月五星，皆有逐日逐度盈縮疾徐細秝，歐史以其繁重，不載造秝之法，其數遂不可得詳，於是著欽天術校注。此遺書之大凡也。又序思翼宝算數，訛千祿、趙時、鑑名三者之訛。序代數發蒙，辨諸家之流別，嘉惠後學不淺。自著有恆河沙館算草數種行於世。（錄清史儒林華蘅芳列傳）。

三十年，充南洋公学总教习。四月，充商部高等实业学堂教习，口讲指画，劳瘁不辞，日课外编辑讲义，务详明晓畅，启发后人。未几卒世。芳天性耿介，智识超出侪辈。生平无疾言遽色，力学四十年，无所不通，老而弥笃。尝苦史志多舛误，故于古历素未究心，后见《史伯平遗书》，补缺正讹，有图有解，昭若发朦，遂条举其要旨而序之曰：先生尝因其友庄缤树言，太初以前无四分法，至刘歆三统，改为八十一分，班固不知算法，误合为一，《续汉志》因之，致滋疑议。于是著《古历考太初历乾凿度》，著《武王伐纣及召诰日月考》。《春秋》经传，日月互异，以春秋历考之，为合于《左氏传》，以殷历考之，为合于《春秋》经，于是著《春秋经传日月考》。刘洪《乾象之月行三道术》，为后来论疾迟阴阳者所本，于是著《乾象月行三道术详解》。《续汉志》所载贾逵论及张衡浑天，为言黄赤道差之始，于是著《贾逵论历校录》《张衡浑天校录》。梅氏历学道骈枝，未及白道交周之理，至于平立定三差之通乎垛积，割圆求矢之驭以天元，半弧背差之证以勾股，月蚀时差之生于地心地面之别，皆梅氏所未详，于是著《授时术增解》。隋刘焯之皇极术，当时未见行用，而后来麟德、大衍诸名家，悉遵用之。《隋志》所载，讹舛特甚，于是著《皇极术校注》。唐麟德术世称精密，大要本于皇极，而五星诸条又建中正元术之所本，于是参考新旧《唐志》，著《麟德术校注》。唐之僧一行，元之郭守敬，皆集历学大成，新旧录之加详，于是释之亦加详，著《大衍术校注》。徐昂宣明术宗大衍而变通之，所易诸法，皆密合术理，于是著《宣明术校注》。边岗崇元术，史称其用算巧，驰骋反覆于乘除间，以兴简捷超径等接之术，使人昧于本原，顾以便于筹策，人不能废，于是依术演算，著《崇元术校注》。周王朴钦天术，好自立异，日月五星，皆有逐日逐度盈缩疾徐细历，欧史以其繁重，不载造历之法，其数遂不可得详，于是著《钦天术校注》。此《遗书》之大凡也。又序《思枣室算数》，诋干禄、趋时、盗名三者之蔽。序《代数发蒙》，辨诸家之流别，嘉惠后学不浅。自

著有《恒河沙馆算草》数种行于世。（录《清史·儒林·华蘅芳列传》）

原载《中华教育界》二十五卷第一期，

一九三七年七月

中国近代科学与科学教育的先驱
徐寿先生

徐寿，江苏无锡人。五岁失怙，事母以孝闻。稍长，攻帖括，继以无裨实用，弃去。遂求经世学，诗论经史，旁及诸子百家，凡有关于格致者，莫不研究。如数学、律吕、几何、重学、化学、矿产、汽机、医学、光学、电学，皆务穷源竟委，而于制器尤精。曾国藩举为奇才异能，待以宾礼。时太平军初平，始知泰西轮船之利，恐异时为中国患，思自制以抵御之。创设机器局。寿与华蘅芳、吴嘉廉、龚芸棠及子建寅等，潜心考求，造器制机，成木质轮船一，长五十余尺，锡名“黄鹄”，是为中国自制轮船之始。嗣襄办上海机器局务，船炮、枪弹及强水、汞爆、棉花、无烟火药，多所发明，制造冠

中國近代科學與科學教育的先驅

徐壽先生

近代中國教育人物像傳之一——傅任敢輯

徐壽，江蘇無錫人。五歲失怙，事母以孝聞。稍長，攻帖括，繼以無裨實用，棄去。遂求經世學，詩賦經史，旁及諸子百家，凡有關於格致者，莫不研究。如數學、律呂、幾何、重學、化學、礦產、汽機、醫學、光學、聲學、皆務窮源竟委。而於製器尤精。曾國藩嘉爲奇才異能，待以賓禮。時太平軍初平，始知泰西輪船之利，恐異時爲中國患，思自製以抵禦之。創設機器局。壽與華蘅芳，吳嘉廉，龔雲棠，及子建寅等，潛心考求，造器製機，成木質輪船一。長五十餘尺，錫名黃鵠，是爲中國自製輪船之始。尋襄辦上海機器局務，船礮、槍彈、及強水、汞爆、棉花、無煙火藥，多所發明，製造冠於他省。因念泰西工藝精良，必有原理在。徒事仿效，非計。議建翻譯館，譯泰西有用書，求其根柢。曾國藩許之。爰聘西士偉力亞利，傅蘭雅，林樂知，金楷理，及同志華蘅芳，李鳳苞，王德均，趙元益等，孜孜研究，成書數百種。日本聞之，派柳原前光訪問譯書。去今日本所譯化學書，名目多與同者，職是之故。復於湖北設格致書院，日與諸生講貫其中，西學由此益盛。時中興諸名臣，如李鴻章，丁日昌，丁寶楨，皆爭相延致。壽以譯書行世，較專治一事，功效尤大，辭不往。然山東機器局，大冶煤鐵，徐州開平各煤礦，漠河金礦，四川機器局，皆經壽先行考定。其用人購器，壽適爲擘畫者居多。無錫經亂凋敝。蠶事久不興，壽自植桑數十畝爲倡。並多方勸導鄉農，蠶桑日漸興盛。光緒初，洋人於無錫南鄉購鮮繭，違公法，奪權利，有司不能禁。壽患之，亟求考烘繭及機器繅絲法，倡設烘竈，以分其勢，挽回利益不少。舊時養蠶家，以不能多繅絲爲憾，自烘繭法行，養蠶者驟增數倍，錫金二邑，歲售繭至數百萬圜，壽之力也。性狷介，崇節儉，嘗欲爲母建旌節坊而無貲，乃終身衣不純綵，年六十，始成厥志。生平敦品勵學，以不二色，不妄語，銘諸座右。治家有法，婚嫁喪葬，不用陰陽家選擇，治喪不用僧道樂工，營葬不用堪輿家言。而力闢巫覡、讖緯、五行、生尅之說。與華蘅芳少相友善，共事編譯，爲後學津梁。每譯錄名理，遇艱深處，必互相磋切，至豁然貫通，拊掌稱快。同心不仕，以布衣終。所著西藝知新、化學鑑原、物體遇熱改易記、營城揭要、測地繪圖、汽機發軔、化學考質、化學求數、寶藏興焉、法律、醫學、凡若干卷、行於世。以子建寅貴，誥贈二品封典。（錄清史儒林徐壽列傳。）

于他省。因念泰西工艺精良，必有原理在。徒事仿效，非计。议建翻译馆，译泰西有用书，求其根柢。会曾国藩许之。爰聘西士伟力亚利、傅兰雅、林乐知、金楷理，及同志华蘅芳、李凤苞、王德均、赵元益等，孜孜研究，成书数百种。日本闻之，派柳原前光访问购书。去今日本所译化学书，名目多与同者，职是之故。复于湖北设格致书院，日与诸生讲贯其中，西学由此益盛。时中兴诸名臣，如李鸿章、丁日昌、丁宝桢，皆争相延致。寿以译书行世，较专治一事，功效尤大，辞不往。然山东机器局、大冶煤铁、徐州开平各煤矿、漠河金矿、四川机器局，皆经寿先行考定。其用人购器，寿遥为擘画者居多。无锡经乱凋敝，蚕事久不兴，寿自植桑数十亩为倡，并多方劝导乡农，蚕桑日渐兴盛。光绪初，洋人于无锡南乡购鲜茧，违公法，夺权利，有司不能禁。寿患之，亟求考烘茧及机器缫丝法，倡设烘灶，以分其势，收回利益不少。旧时养蚕家，以不能多缫丝为憾，自烘茧法行，养蚕者骤增数倍。锡、金二邑，岁售茧至数百万元，寿之力也。性狷介，崇节俭，尝欲为母建旌节坊而无赀，乃终身衣不纯彩，年六十，始成厥志。生平敦品励学，以不二色，不妄语，铭诸座右。治家有法，婚嫁丧葬，不用阴阳家选择，治丧不用僧道乐工，营葬不用堪舆家言。而力辟巫觋、谶纬、五行、生克之说。与华蘅芳少相友善，共事编译，为后学津梁。每纵谈名理，遇艰深处，必互相磋切，至豁然贯通，拊掌称快。同心不仕，以布衣终。所著《西艺知新》《化学鉴原》《物体遇热改易记》《营城揭要》《测地绘图》《汽机发轫》《化学考质》《化学求数》《宝藏兴焉》《法律医学》，凡若干卷，行于世。以子建寅贵，诰赠二品封典。（录《清史·儒林·徐寿列传》）

原载《中华教育界》二十五卷第一期，

一九三七年七月

中国近代科学与科学教育的先驱 徐建寅先生

徐建寅，寿仲子。咸丰初，寿在籍治团，建寅尚幼，闻乡人言，教匪匿离垢庵，谋不轨，以告寿，率团捕之，获军械旗帜及刻期《起事状》，诛首谋数人，闾里以安。及长，好读书，尤喜习格致、化学、制造等事。随其父安庆营中，所制“黄鹄”轮船，建寅有力焉。旋奉委办理金陵、上海、山东各制造局，充福建船政局提调。奏派出洋，充出使德国二等参赞官，遂遍历英、俄各国，考求工艺，所学益进。迭为曾国藩、丁宝桢所赏拔，积劳保道员、直隶候补。光绪二十六年（1900 年），两湖总督张之洞奏调充湖北营务处暨教吏馆武备总教习，勇于任事，劳怨不辞，旋委省城保安局务，暨汉阳炼钢厂、无

中國近代科學與科學教育的先驅

徐建寅先生

近代中國教育人物像傳之一——傳任敢輯

徐建寅，壽仲子。咸豐初，壽在籍治團，建寅尚幼，聞鄉人言，教匪匿離垢庵，謀不軌，以告壽，率團捕之，獲軍械旗幟及刻期起事狀，誅首謀數人，閭里以安。及長，好讀書，尤喜習格致、化學、製造等事。隨其父安慶營中，所製黃鵠輪船，建寅有力焉。旋奉委辦理金陵、上海、山東各製造局，充福建船政局提調。奏派出洋，充出使德國二等參贊官，遂徧歷英、俄各國，考求工藝，所學益進。迭為曾國藩、丁寶楨所賞拔，積勞保道員，直隸候補。光緒二十六年，兩湖總督張之洞奏調充湖北營務處暨教吏館武備總教習，勇於任事，勞怨不辭，旋委省城保安局務，暨漢陽煉鋼廠無烟火藥廠總辦。時各國和議甫定，禁軍火入口，所聘洋匠久不至。建寅以無烟藥為軍中急需，毅然以製造自任，潛心研究，手自配合，已成者數百磅。試驗與西製無異。二十七年二月十二日，建寅至拌藥房監工，適火藥炸裂，立時轟死。同時死者，候選知縣戴振麟，監生楊蔭桓，把總儲仁發，並工匠共十四人。建寅天性伉直，於公帑不肯妄費一錢，於公事不肯放鬆一步，雖謗議沸騰，亦不追悔，而惟以公忠體國為心。其死也，聞者莫不傷之。張之洞為請於朝，照軍營陣亡例議卹，奉旨從之。（錄清史儒林徐壽列傳。）

烟火药厂总办。时各国和议甫定，禁军火入口，所聘洋匠久不至。建寅以无烟药为军中急需，毅然以制造自任，潜心研究，手自配合，已成者数百磅。试验与西制无异。二十七年二月十二日，建寅至拌药房监工，适火药炸裂，立时轰死。同时死者，候选知县戴振麟、监生杨荫桓、把总储仁发，并工匠共十四人。建寅天性伉直，于公帑不肯妄费一钱，于公事不肯放松一步，虽谤议沸腾，亦不遑惜，而惟以公忠体国为心。其死也，闻者莫不伤之。张之洞为请于朝，照军营阵亡例议恤，奉旨从之。（录《清史·儒林·徐寿列传》）

原载《中华教育界》二十五卷第一期，
一九三七年七月

陕西教育先进杨蕙先生

杨蕙，字风轩，陕西泾阳县人。生有至性，与人无忤。性孝友，在昆季间，情尤笃。兄尝客蜀无纵，乃裹糇粮，徒步数千里外，胼手胝足，不辞劳苦，卒遇兄，得与同还。时，已举孝廉，乡里争慕悦之，以为人所难能。杨孝廉之名，于是传颂遐迩。少游咸阳刘古愚、三原贺复斋两公之门，得其心传，称高足。古愚为关中提倡科学之鼻祖，复斋为承继濂洛之师宗，一重实用，一重道德。蕙得亲炙其间，蓄志用世。戊戌政变，六君子罹大辟，古愚以附康嫌，避陇右，蕙亦因是匿迹，绝意仕进，遁居里门，以振兴教育为职志。其长泾干与瀛洲书院也，殚述古愚之学术，发扬复斋之性理，治标治本，一扫士

陝西教育先進

楊蕙先生

近代中國教育人物像傳之一　任敢輯

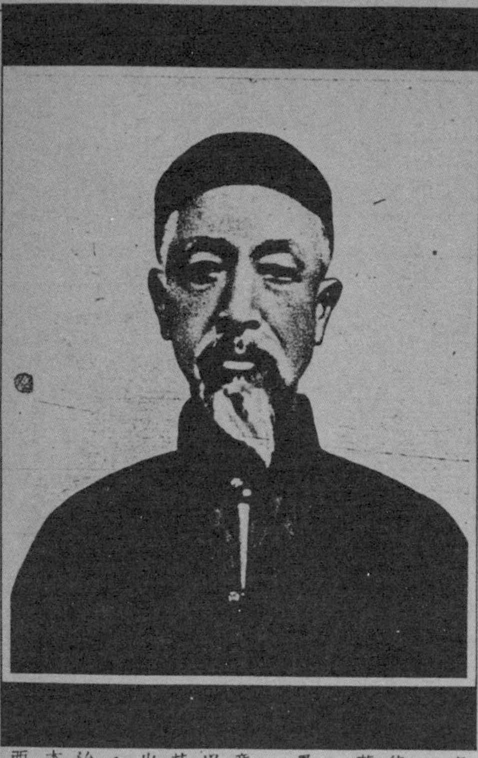

楊蕙，字風軒，陝西涇陽縣人。生有至性，與人無忤。性孝友，在昆季間，情尤篤。兄嘗客蜀無蹤，乃裹餱糧，徒步數千里外，胼手胝足，不辭勞苦，卒遇兄，得與同還。時，已舉孝廉，鄉里爭慕悅之，以爲人所難能。楊孝廉之名，於是傳頌遐邇。少遊咸陽劉古愚，三原賀復齋兩公之門，得其心傳，稱高足。古愚籍關中提倡科學之鼻祖，復齋爲承繼濂洛之師宗，一重實用，一重道德。蕙得親炙其間，蓄志用世。戊戌政變，六君子罹大辟，古愚以附康嫌，避地右，蕙亦因是匿跡，絕意仕進，遯居里門，以振興教育爲職志。其長涇干與瀛洲書院也，殫述古愚之學術，發揚復齋之性理，治標治本，一掃士習杳泄之風。陝西鄙處西陲，文化落後，自劉賀兩公崛起山林，科學與性理並重，實爲西北開一新紀元。其繼劉賀而起者，楊蕙一人而已。鼎革後，參預縣政，處處以民意爲前提，不爲強禦所屈。生平著述極富，惜多散佚。今所存者，僅文集六卷耳。行年七十，尤健步，更不知醫藥。於民國七年十月十三日晚，無疾而終。（錄趙雲僧：楊蕙傳略）

习沓泄之风。陕西鄙处西陲，文化落后，自刘、贺两公崛起山林，科学与性理并重，实为西北开一新纪元。其继刘、贺而起者，杨蕙一人而已。鼎革后，参预县政，处处以民意为前提，不为强御所屈。生平著述极富，惜多散佚。今所存者，仅《文集》六卷耳。行年七十，尤健步，更不知医药。于民国七年（1918年）十月十三日晚，无疾而终。（录赵云僧编《杨蕙传略》）

原载《中华教育界》二十五卷第二期，

一九三七年八月

陕西教育先进郭希仁先生

郭希仁，陕西临潼县人。清癯沉嘿，恂恂若书生，而心豪万夫。其学以宋儒为鹄，汉学为辅，更以西学沐浴之，而大要归于经世。时咸阳刘古愚先生讲实学味经，希仁从之游，故益以康济为志。乡荐后，偕邑人王敬儒赴日考政法学务；归，长谘议局，陕垣政教，多所赞匡。各校起风波，希仁则汲汲奔救，如饥渴之在于己，纷解难排，至师生上课乃止。辛亥后，佐张翔初治陕，锄奸佑民，厥功甚伟。顾一毫不以自私，亦一毫不以自襮；素冠布袍，淡如也。寻长教育厅，选师资，审教规，推广教务，诸所措设，绩效著白。急流勇退，长孔教会，约同志从事讲演，凡经史大义、各国政法、兴举福民诸

陝西教育先進

郭希仁先生

近代中國教育人物傳之一——任傳敷 輯

郭希仁，陝西臨潼縣人。清癯沉嘿，恂恂若書生，而心豪萬夫。其學以宋儒爲歸，漢學爲輔，更以西學沐浴之，而大要歸於經世。時咸陽劉古愚先生講實學味經，希仁從之遊，故益以康濟爲志。鄉薦後，偕邑人王敬儒赴日考政法學務；歸，長諮議局，陝垣政教，多所贊匡。各校起風波，希仁則汲汲奔救，如饑渴之在於己，紛解難排，至師生上課乃止。辛亥後，佐張翔初治陝，鋤奸佑民，厥功甚偉。顧一毫不以自私，亦一毫不以自豢；素冠布袍，淡如也。尋長教育廳，選師資，審教規，推廣教務，諸所措設，績效著白。急流勇退，長孔教會，約同志從事講演，凡經史大義，各國政法，與舉福民諸大端，於稠人廣衆喧聒之，以輔教育之不逮。雖至聲嘶，不知疲；長夏感暑，鍥而不捨。屢以致病，遂不起。年四十有三。咸陽祁俟生誄曰：「君以講演傷生，猶恐未將人勸醒，」蓋實錄也。沒無以斂，友人賻金，乃歸葬。清風亮節，皜皜尙已。著春秋隨筆，說文部首，水利譚，從戎紀略行於世。（錄自樹堂侯佩著：郭希仁傳略）

陝西教育先进郭希仁先生

大端，于稠人广众喧聒之，以辅教育之不逮。虽至声嘶，不知疲；长夏盛暑，锲而不舍。寝以致病，遂不起。年四十有三。咸阳祁俊生诔曰：“君以讲演伤生，犹恐未将人劝醒。”盖实录也。没无以殓，友人赙金，乃归葬。清风亮节，皓皓尚已。著《春秋随笔》《说文部首》《水利谭》《从戎纪略》行于世。（录白树堂、侯佩苍编《郭希仁传略》）

原载《中华教育界》二十五卷第二期，

一九三七年八月

图书在版编目（CIP）数据

近代中国教育人物像传 / 傅任敢编. — 上海：上海教育出版社，2022.8
（傅任敢作品选）
ISBN 978-7-5720-1572-4

Ⅰ. ①近… Ⅱ. ①傅… Ⅲ. ①教育家 – 列传 – 中国 – 近代 Ⅳ. ①K825.46

中国版本图书馆CIP数据核字(2022)第127892号

责任编辑 董 洪 孔令会
书籍设计 陆 弦

傅任敢作品选
近代中国教育人物像传
傅任敢 编

出版发行 上海教育出版社有限公司
官 网 www.seph.com.cn
地 址 上海市闵行区号景路159弄C座
邮 编 201101
印 刷 上海展强印刷有限公司
开 本 787 × 1092 1/32 印张 8.125 插页 4
字 数 110 千字
版 次 2022年8月第1版
印 次 2022年8月第1次印刷
书 号 ISBN 978-7-5720-1572-4/G · 1459
定 价 59.00 元

如发现质量问题，读者可向本社调换 电话：021-64373213